财政预算绩效管理与评价研究

刘华国 著

中国书籍出版社
China Book Press

图书在版编目（CIP）数据

财政预算绩效管理与评价研究/刘华国著. --北京：中国书籍出版社，2024.8.

--ISBN 978-7-5068-9980-2

Ⅰ.F810.3

中国国家版本馆 CIP 数据核字第 2024WX2893 号

财政预算绩效管理与评价研究

刘华国　著

图书编辑	成晓春
责任编辑	吴化强
封面设计	博健文化
责任印制	孙马飞　马　芝
出版发行	中国书籍出版社
地　　址	北京市丰台区三路居路 97 号（邮编：100073）
电　　话	（010）52257143（总编室）　（010）52257140（发行部）
电子邮箱	eo@chinabp.com.cn
经　　销	全国新华书店
印　　刷	北京市怀柔新兴福利印刷厂
开　　本	710 毫米×1000 毫米　1/16
字　　数	215 千字
印　　张	14
版　　次	2025 年 1 月第 1 版
印　　次	2025 年 1 月第 1 次印刷
书　　号	ISBN 978-7-5068-9980-2
定　　价	72.00 元

版权所有　翻印必究

前 言

为推进国家治理体系和治理能力现代化，深化财税体制改革，全面实施预算绩效管理势在必行。建立全方位、全过程、全覆盖的预算绩效管理体系，提高财政资源配置效率和使用效益具有重要的理论意义和现实价值。预算绩效管理是以支出结果为导向的预算管理模式，它是政府绩效管理的重要组成部分，有助于提高政府管理效能和建设高效、责任、透明的政府。

随着形势的发展变化，新一轮预算制度改革是一场关系国家治理体系和治理能力现代化的深刻变革，是立足全局、着眼长远的制度创新。建立现代绩效预算制度不仅是国家治理现代化的目标，也是国家治理现代化的重要标志和重要支柱。构建绩效预算制度和方法，深化预算制度改革，推进依法理财是着眼长远机制的系统性重构。

财政预算绩效管理是一项任重而道远的工作，不是一朝一夕或通过一己之力就能制定完善的，而是需要政府及有关职能部门相互配合共同完善预算绩效管理体系。基层财务工作人员对于"预算绩效管理"的基本原则、基本内容以及考评原则都应熟稔于心。新的《预算法》给财务会计行业的法治化进程树立了信心，预算绩效管理的提出更使会计人员对依法理财心明眼亮。只有心系百姓，关注民生，才能真正让"办事的钱"起到应有的效果，让老百姓满意，为政府理好财，尽到会计人员应尽的责任。

本书对财政预算绩效管理与评价进行了专业而系统的研究，可以使读者对预算绩效管理与评价有较为清晰、全面的认识。

目 录

第一章　绩效与绩效管理概述 … 1
- 第一节　绩效概述 … 1
- 第二节　绩效管理概述 … 4
- 第三节　绩效评价概述 … 9
- 第四节　绩效管理的意义 … 13

第二章　绩效预算理念概述 … 15
- 第一节　预算和预算管理 … 15
- 第二节　绩效预算理念的涵义 … 17
- 第三节　我国财政绩效预算的发展 … 19
- 第四节　绩效预算、预算绩效和支出评价的关系 … 21

第三章　财政预算绩效管理理论概述 … 24
- 第一节　财政预算绩效管理概述 … 24
- 第二节　财政预算绩效管理的理论依据 … 25
- 第三节　财政预算绩效管理的环节 … 29
- 第四节　财政预算绩效管理的意义 … 33

第四章　财政预算绩效目标管理与设计 … 38
- 第一节　绩效目标管理 … 38
- 第二节　绩效目标设定 … 48
- 第三节　绩效目标批复 … 57
- 第四节　预算绩效目标的设计要求 … 58
- 第五节　预算绩效目标的主要内容 … 62
- 第六节　预算绩效目标的审核 … 69

第五章 预算绩效运行监控管理与监控实施 …… 79
第一节 绩效运行监控 …… 79
第二节 绩效运行监控环节 …… 84
第三节 预算绩效监控实施 …… 89
第四节 预算绩效监控实施布置 …… 92
第五节 预算绩效运行监控结果应用 …… 93

第六章 预算绩效管理改革 …… 97
第一节 预算绩效管理改革的要求 …… 97
第二节 预算绩效管理改革的内容 …… 100
第三节 预算绩效管理改革的意义和价值 …… 104

第七章 财政支出预算项目绩效目标管理与评价 …… 106
第一节 财政支出预算项目绩效目标管理概述 …… 106
第二节 财政支出项目绩效评价概述 …… 109
第三节 部门整体支出绩效综合评价概述 …… 115

第八章 财政预算资金绩效评价的指标体系 …… 120
第一节 财政预算资金绩效评价指标体系概述 …… 120
第二节 财政预算资金绩效评价指标种类 …… 122
第三节 财政预算资金绩效评价指标设计原则 …… 127

第九章 财政预算绩效评价 …… 133
第一节 财政预算绩效评价的意义 …… 134
第二节 财政预算绩效评价的目标 …… 142
第三节 财政预算绩效评价的组织 …… 146
第四节 财政预算绩效评价的内容 …… 153

第十章 财政预算绩效评价实施 …… 164
第一节 前期准备 …… 164
第二节 制定方案 …… 174
第三节 评价实施 …… 178
第四节 撰写报告 …… 184
第五节 档案归集 …… 195

第十一章 我国预算绩效目标管理的实施路径 …………………… 200
    第一节 我国绩效管理的探索 ……………………………………… 200
    第二节 绩效管理的实施路径 ……………………………………… 201

参考文献 ………………………………………………………………… 214

第一章 绩效与绩效管理概述

第一节 绩效概述

一、绩效的含义

(一)绩效

绩效(performance)看似简单的问题,内涵却十分丰富,仅从字面上来看,绩效包含成绩和效益的意思,成绩指的是成功的业绩和成效,效益指的是效果和收益。

绩效是一个团体(或个人)在一定时期内的投入产出情况。投入指的是团体(或个人)所消耗的人力、物力、时间等物质资源(或个人的情感、情绪等精神资源);产出指的是团体(或个人)在工作任务的数量、质量及效率方面的完成情况。

政府绩效是指政府作为一个团体,在社会经济管理活动中的结果、效益及其管理工作效率、效能,是政府在行使其功能、实现其意志过程中体现出的管理能力,它包含了政治绩效、经济绩效(含财政绩效)、文化绩效、社会绩效四个方面。经济绩效是政府绩效的核心,在整个体系中发挥着基础性的作用。维持经济持续发展,社会财富稳定增长,是政府绩效的首要指标。社会绩效是政府绩效体系中的价值目标。实现经济绩效的目的,就是为了实现社会绩效,保持国家安全、社会稳定,居民安居乐业。政治绩效是整个政府绩效的中枢。实现经济绩效和社会绩效需要政治绩效作为法律和制度的保证和保障。

(二)国外学者对绩效的界定

绩效是一个多维建构,观察和测量的角度不同,其结果也会有所不同。所以,我们对绩效的认识是一个不断深化的过程。目前学者们对于绩效的界定主要有以下几种观点。

1. 绩效是结果

绩效是结果,是人们在给定的时间范围内工作职能或活动的产出记录。英国学者 Bernadin 等(1995)认为,绩效应为工作的结果,是重要和必要工作职能中绩效的总和或平均值。美国学者 Kane(1996)指出,绩效是一个人留下的东西,这种东西与目的相对独立存在。他们的定义将绩效同任务的完成情况、产出和结果等同起来。但是把绩效定义为结果存在着一些缺点:首先,过度看重结果可能会导致人们不注重行为过程,关于工作的开展也会被误导从而出现短期化的倾向,如为达目的不择手段,忽略人际关系和工作过程中的重要作用;其次,结果往往是多种因素相互影响而产生的,但相当部分因素是个人所不能控制的,所以以产出结果来评价政府工作人员的方法就有失公正。

2. 绩效是行为

绩效是行为,是能被观察到的人们实际的行为表现。一些学者对此提出了自己的观点。美国学者 Murphy(1990)认为,绩效是与一个人在其中工作的组织或组织单元的目标相关的一组行为。美国学者 Campbell(1993)等指出,绩效不是活动的结果,而是活动本身,是人们实际做的、与团体有关的,并且可以观察到的行为或行动,而且这些行为完全能由个体自身所控制。根据上述学者的观点不难看出,绩效的"行为观"认为:绩效是行为,但并不是所有行为都是绩效,如果一种行为能被称为"绩效"的话,那么它一定是能够和团体目标相关的、与结果或产出相关的行为,而且这种行为能够被观察或者是衡量。

3. 绩效是行为和结果二者的结合

英国学者 Brumbrach(1988)认为,绩效是指行为和结果。行为由从事工作的人表现出来,从而将工作任务付诸实践。行为不仅仅是结果的工具,其本身也是一种结果,是为完成工作任务所付出的脑力和体力的结果,并且能够与结果分开进行判断。

不同的学科对绩效有着不同的理解。站在管理学的角度看,绩效是团体期望的结果,是团体为实现其目标而展现在不同层面的有效输出,包括个人绩效和团体绩效两个方面。站在经济学的角度看,绩效与薪酬是团体和个人之间的对等承诺关系,绩效是个人对团体的承诺,而薪酬是团体对个人做出的承诺。站在社会学的角度看,绩效意味着每一个社会成员按照社会分工所确定的角色承担成员的那一份职责。绩效在不同的时间段和不同类型的团体中有着不同的含义。例如,绩效用在经济管理活动方面,是指社会经济管理活动的结果和成效;用在人力资源管理方面,是指主体行为或者结果中的投入产出比;用在公共部门中来衡量政府活动的效果方面时,则是一个包含多元目标在内的概念,如预期产出(预期提供的公共产品或服务的数量及质量)、效率计划、预期效果——预期社会、经济、生态效益等。

综上所述,在理解绩效时应该把握以下几点:
(1)绩效是一种系统的过程,必须用系统观点、过程观点来看待。
(2)绩效的表现形式是多维的,既有行为方式,又有对应的结果。
(3)绩效往往与考核评价紧紧联系在一起。

二、绩效的特点

绩效的特点主要包括以下几个方面。

(一)多因性

所谓的多因性指的是团体(或个人)的绩效高低是由多方面因素决定的,根据人力资源学、组织行为学与心理学的研究表明,绩效受到多种因素的影响,主要有以下四种因素:技能、机会、激励、环境。其中技能指的是个人的天赋、智力、教育水平等特点;机会指的是承担某种工作任务的机会,机会是一种偶然的不可控的因素;激励是措施,它本身取决于个人的需要结构、个性、感知、学习过程与价值观等特点;环境指的是工作环境,包括文化环境和客观环境。

(二)多维性

是指需要从多个不同的方面和维度对团体(或个人)的绩效进行考评分析。其不仅要考虑工作行为还要考虑工作结果,如在实际中我们不仅要考虑团体(或个人)完成产量指标的情况,还有考虑其出勤、服从合作态度、与其他岗位的沟通协调等方面,综合性地得到最终评价。

(三)动态性

绩效是多因性的,并且这些因素处于不断变化中,因此绩效并不是一成不变的。例如,原来绩效差的团体(或个人),因为自身能力的提高、工作条件的改善或者自身变得更加积极主动而使得绩效得到了提高。同理,原来绩效好的团体(或个人)也会由于种种相关因素的变化使得绩效变差。因此,在进行绩效评价时不能以一成不变的思维来对待职工的绩效,而要全面思考,应根据团体(或个人)在本考评周期内的实际工作结果和表现进行客观的评价,不应该受到其先前绩效的影响。

第二节 绩效管理概述

一、管理和管理学

(一)管理

在认识理解绩效管理前,我们需要先了解一下管理和管理学。

管理是由计划、组织、指挥、协调和控制等职能为要素组成的活动过程。管理是人类有意识有目的的活动,管理是有效的,管理的本质是协调,协调是运用各种管理职能的过程。管理的职能是:决策、组织、领导、控制、创新。

(二)管理学

管理学是研究所有管理活动中的共性原理的基础理论科学,是研究管理理论、实践和方法的学科。无论是"宏观原理"还是"微观原理",都需要管理学的原理作基础来加以学习和研究,管理学是各门具体的或专门管理学科的共同基础。管理学具有综合性、实践性、社会性、历史性。

二、绩效管理

(一)绩效管理的背景

随着经济全球化和知识经济时代的到来,世界各国间的竞争也越来越激烈。为了加强和提高团体(或个人)的适应能力和竞争能力,管理者和学者们都在寻求一种能提高生产力和改善团体绩效的有效途径。虽然"组织结构、内部裁员、组织扁平化、虚拟组织"等团体变革方法接连出现,但是这些方法的作用只是在于节约成本,其对绩效水平的改进是局部化和短期化的。在这一背景下,学者们重新审视了绩效的内涵,并在总结传统绩效考核不足的基础上,于20世纪70年代后期提出了"绩效管理"的概念。

(二)绩效管理的含义

绩效管理是指各级团体(或个人)为了达到团体(或个人)目标共同参与的绩效计划制订、绩效辅导沟通、绩效考核评价、绩效结果应用、绩效目标提升的持续循环过程,绩效管理的目的是持续提升团体、内部部门或个人的绩效,如图1-1所示。

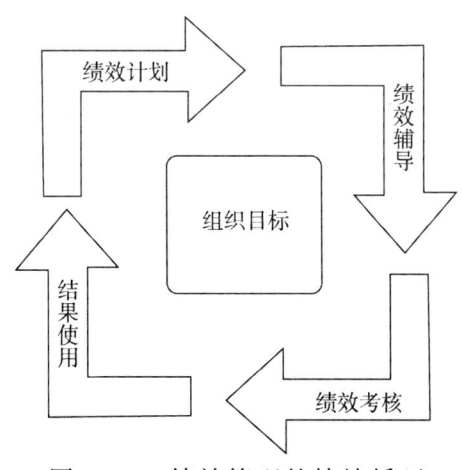

图1-1 绩效管理的持续循环

对绩效管理的含义可以从以下几个方面去理解。

1. 绩效管理是一个过程

绩效管理是包含多个环节的系统,它贯穿于团体的管理者(或个人)之间,管理者(或个人)通过这个系统在整个工作过程中的运行实现管理目的。绩效管理不仅重视绩效结果,还重视达成绩效目标的行为和过程。绩效管理不仅仅是最后的评价,还强调通过控制绩效周期中的整个过程来达到绩效管理的最终目的。

2. 绩效管理注重持续的沟通

绩效管理特别强调通过沟通辅导实现团体的管理者(或个人)能力提高,进而实现绩效改进的目的。各级管理者都要参与到绩效管理的过程中来,各种方式的沟通辅导贯穿整个绩效管理系统中,团体的管理者(或个人)通过这一平台做到相互理解、互相促进彼此。

3. 绩效管理的最终目的在于绩效改进

绩效管理重在实现绩效改进,而不是绩效评价。在评价团体(或个人)绩效的同时,绩效管理是防止团体(或个人)绩效不佳和提高绩效水平的工具,其各个环节都是围绕着改进绩效这个目标进行的。具体的任务目标只是绩效管理的具体落实,其根本目的则是通过绩效的持续改进实现团体(或个人)战略目标和培育组织核心竞争力。

(三)绩效管理的对象

绩效管理对象的最终点是人。所以,绩效管理是管理活动中最难做到的管理,也是在实际操作过程中最复杂的管理。人和机器最大的区别是,人有思想、有情绪,会产生业绩的波动。所以,对人的投资有两大特征,第一风险大,第二收益高。

正因为绩效管理的对象特征,在 2006 年世界经济学会的评估中,绩效管理被列为最难的管理难题。

(四)政府绩效管理

政府绩效管理是在借鉴和吸收企业绩效管理理论、实践和方法的基础上,结合政府公共管理的具体实践,形成的一种全新的政府管理模式。

运用科学的方法和标准,对政府机关的业绩和实际工作作出尽可能准确的评价,在此基础上对政府绩效进行改善和提高,以实现政府管理的三"E"为目标,即经济(economy)、效率(efficiency)和效益(effectiveness)目标。通过缩小政府管理人员规模、降低行政管理的成本、改革行政管理系统、改革政府机构文化、提高服务质量、提高政府机构实际工作的效率等途径实现三"E"目标。

如前所述,财政预算绩效管理属政府绩效管理的一部分。

三、绩效目标管理

(一)绩效目标

绩效管理是绩效目标提升的持续循环过程。绩效目标通常被称为目的和责任,是指给考核评价者和被考核评价者提供所需要的评价标准,以便客观地讨论、监督、衡量绩效。因为各级团体的管理者(或个人)的绩效目标是有效的绩效管理基础,故绩效管理最终是通过绩效目标的完成来实现的。

(二)绩效目标管理

绩效目标管理,可以分为以下四个步骤:

第一步:建立每位绩效考核评价者(团体或个人)所应达到的绩效目标。在许多团体中,通常是上级团体与被考核评价者一起来共同制定绩效目标。绩效目标主要指所期望达到的结果,以及为达到这一结果所应采取的方式、方法。

第二步:制定每位绩效考核评价者(团体或个人)达到绩效目标的时间框架。即当他们为这一绩效目标努力时,可以合理安排时间,了解自己在做什么,已经做了什么和下一步还将要做什么。

第三步:将实际达到的绩效目标与预先设定的绩效目标相比较。对未能完成绩效目标的团体(或个人)找出原因、提出改进措施,对完成绩效目标的团体(或个人)肯定成绩、总结经验。

第四步:制定新的目标以及为达到新的目标而可能采取的新的战略。

凡是已成功地实现了绩效目标的团体(或个人),都可以被允许参与下一次新目标的设置过程。

四、全面绩效管理

全面绩效管理是指团体(一般指公司或单位)目标与指标、内部部门目标与指标、岗位目标与指标的设定、分解、执行的全过程管理。全面绩效管理体系有四个组成部分,分别是目标管理、绩效管理、过程管理和过程保障,具体内容如下:

(一)目标管理

根据团体(公司或单位)战略规划,确定年度目标,之后将目标分解到目标领域(财务、客户、内部流程、学习与成长),通过团体的组织架构将目标从目标领域分解到各部门,各部门将确定后的目标分解到岗位或个人。

(二)绩效管理

目标管理体系是团体(公司或单位)最根本的管理体系,绩效管理体系包含在目标管理体系之中,目标管理最终通过绩效管理落实到岗位。绩效管理包含六个环节:

(1)绩效计划:目标、指标、绩效标准、绩效协议。

(2)持续沟通:进一步明晰标准,持续跟踪以发现问题,关注成长。

(3)数据记录:为将来的考核提供依据,但经常被忽略。

(4)绩效回顾:也称为中期面谈,及时发现差距,修正错误,提供支持。

(5)绩效考核:培训评估者,回顾绩效标准,作出客观评价,结果运用。

(6)绩效改进:通过面谈,找出绩效差距,设定改进计划,设置里程碑。

(三)过程管理

在实现目标的过程中,必须关注"工作任务、工作目标、工作计划、工作标准、工作安排、工作检查、工作改善、工作总结"管理循环的全面展开。

(四)过程保障

目标管理、绩效管理、过程管理,关注的是垂直绩效路径。在实现目标的过程中还有水平绩效路径,那就是上述各部分的过程保障。目标管理、绩效管理、过程管理的实现,离不开过程保障,过程保障主要包括机制保障、流程保障、制度措施保障和跨部门协作保障等。

总之,全面绩效管理是实现目标的全过程管理。只有团体(公司或单位)、管理者和员工全部参与到这一互动过程中来,最终才能实现团体(公司或单位)的整体目标。

第三节 绩效评价概述

一、绩效评价及种类

(一)绩效评价

绩效评价,通常称为绩效考核评价。如前所述,绩效考核评价是绩效管理的重要内容之一,绩效主要运用于绩效考核评价。

绩效评价是指评价者运用科学的方法、标准和程序,对行为主体的与评价任务有关的绩效信息(业绩、成就和实际作为等)进行观察、收集、组织、贮存、提取、整合,并尽可能作出准确评价的过程。

(二)绩效评价的种类

1. 绩效评价按评价内容划分

(1)对工作结果的评价。该评价主要评价团体或个人的工作效果,重点在于结果而不是过程。

(2)对工作行为的评价。主要评价团体(或个人)的行为,重点在于做事的过程。该评价标准容易确定,操作性较强,适合那些绩效难以量化评价的团体(或个人)等。该评价难点在于如何制定与工作行为相关的行为标准。

(3)对素质技能的评价。主要评价团体(或个人)在工作中表现出来的品质素质,重点评价诚信、主动、创造、自信等定性指标。该评价难点在于不易掌握定性指标内容、操作性差。

2. 绩效评价按评价对象划分

(1)团体整体绩效评价。该绩效评价以整个"团体整体"作为评价对象，着重强调集体性绩效，一般来说包括产量、利润、成本费用等财务内容。

(2)部门(团队)绩效评价。部门(团队)绩效评价以团体中的职能部门或者是项目团队作为评价对象，是介于"团体整体"绩效与员工个体绩效的中间层次，也是整体绩效与个体绩效的结合。

(3)员工个体绩效评价。员工个体绩效评价的对象为个人，其个体绩效包括其工作结果、行为和能力素质。

二、绩效评价的原则

绩效评价的原则主要包括以下几个。

(一)公平原则

公平是确立和推行被评价者(团体或个人)绩效评价制度的前提。不公平，就不可能发挥考绩应有的作用。

(二)严格原则

绩效评价不严格，就会流于形式，形同虚设。评价不严，不仅不能全面地反映被评价者的真实情况，而且还会产生消极的后果。绩效评价的严格性包括：要有明确的评价标准；要有严肃认真的评价态度；要有严格的评价制度与科学而严格的程序及方法等。

(三)单头评价的原则

对各级被评价者的绩效考评，都必须由被评价者的"直接上级"(或直接上级委托"第三方")进行。直接上级相对来说最了解被评价者的实际工作表现(成绩、能力、适应性)，也最有可能反映真实情况。间接上级(即上级的上级)对直接上级作出的评价评语，不应当擅自修改。这并不排除间接上级对评价结果的调整修正作用。单头考评明确了评价责任所在，并且使评价系统与组织指挥系统取得一致，更有利于加强经营组织的指挥机能。

(四)结果公开原则

绩效评价的结论应对被评价者公开,这是保证绩效评价民主的重要手段。这样做,一方面,可以使被评价者了解自己的优点和缺点、长处和短处,从而使评价成绩好的人再接再厉,继续保持先进;也可以使评价成绩不好的人心悦诚服,奋起上进。另一方面,还有助于防止评价中可能出现的偏见以及种种误差,以保证评价的公平与合理。

(五)结合奖惩原则

依据绩效评价的结果,应根据工作成绩的大小、好坏,对被评价者有赏有罚、有升有降,而且这种赏罚、升降不仅与精神激励相联系,而且还必须通过工资、奖金等方式同物质利益相联系,这样,才能达到绩效评价的真正目的。

(六)客观评价的原则

绩效评价应当根据明确规定的评价标准,针对客观考评资料进行评价,尽量避免渗入主观性和感情色彩。

(七)反馈结果的原则

绩效评价的结果(评语)一定要反馈给被评价者,否则就起不到评价的作用。在反馈评价结果的同时,应当向被评价者就评语进行说明解释,肯定成绩和说明不足,提供今后努力的参考意见等。

三、绩效评价的作用

绩效评价的作用主要包括以下几个。

(一)达成目标

绩效评价本质上是一种过程管理,而不是仅仅对结果的评价。它是将中长期的目标分解成年度、季度、月度指标,不断督促团体或个人实现、完成的过程,有效的绩效考核评价能帮助团体或个人达成目标。

(二)挖掘问题

绩效评价是一个不断制订计划、执行、改正的 PDCA 循环过程,整个绩效管理环节,包括绩效目标设定、绩效要求达成、绩效实施修正、绩效面谈、绩效改进、再制定目标的循环,这也是一个不断发现问题、改进问题的过程。

PDCA 是英语单词 Plan(计划)、Do(执行)、Check(检查)和 Action(行动)的第一个字母,PDCA 循环就是按照这样的顺序进行质量管理,并且循环不止地进行下去的科学程序。

(1)P(Plan)计划,包括方针和目标的确定,以及活动规划的制订。

(2)D(Do)执行,根据已知的信息,设计具体的方法、方案和计划布局;再根据设计和布局,进行具体运作,实现计划中的内容。

(3)C(Check)检查,总结执行计划的结果,分清哪些对了,哪些错了,明确效果,找出问题。

(4)A(Action)对总结检查的结果进行处理,对成功的经验加以肯定,并予以标准化;对于失败的教训也要总结,引起重视。对于没有解决的问题,应提交到下一个 PDCA 循环中去解决。

以上四个过程不是运行一次就结束,而是周而复始地进行,一个循环完了,解决一些问题,未解决的问题进入下一个循环,这样阶梯式上升。

(三)分配利益

与利益不挂钩的考核评价是没有意义的,利益的分配要与组织(或个人)的绩效考核评价得分和结果紧密联系,所以一说起考核评价,被评价者的第一反应往往是经济利益的挂钩。

(四)促进成长

绩效评价的最终目的并不是单纯地进行利益分配,而是促进团体(或个人)的共同成长。通过考核评价发现问题、改进问题,找到差距进行提升,最后达到双赢。

第四节　绩效管理的意义

一、提高团体(或个人)绩效

在日趋激烈的市场竞争中,团体(或个人)要想取得和保持竞争优势,必须不断提高其整体效益和绩效。而实践证明提高绩效的有效途径就是进行科学的绩效管理。因为绩效管理可以提高团体(或个人)绩效、开发出个体的潜能,使团体(或个人)不断获得成功的管理思想和具有战略意义的、整合的管理方法,可以帮助团体(或个人)实现其绩效的持续发展。绩效管理能够清楚及时地反映团体(或个人)重要的经营管理活动,实现对绩效目标的监控,及时发现问题并给予矫正,进而提高效率和降低相关成本。

二、推进战略实施和团体变革

绩效管理是组织实施战略的执行工具,它将战略转化为具体的定性目标或定量目标,这些目标经过层层分解、层层确认,转化为各部门和各职工的行动计划,使得整个团体的成员目标与战略目标保持一致。在团体变革的过程中,绩效管理的"指挥棒"作用,能够让团体成员的行为、态度发生有效转变,引领他们向着团体期望的方向前进。

三、有助于促进团体内的沟通和合作

绩效管理是一个各级团体的管理者(或个人)互相沟通与合作才能完成的过程,而这本身也是绩效管理的重要作用之一。通过上级与下级之间的目标分解与确认,可以实现有效的授权;通过在日常工作中的监督与指导,上级可以向下级提供有效的辅导和反馈;通过对考核结果的沟通讨论,可以找出工作的优点与差距,有效地确定改进方向和措施。

四、有助于团体(或个人)发展

绩效管理可以使团体(或个人)明确自己的工作任务和目标,在工作过程中能够获得一定的指导与帮助,也了解取得了一定绩效之后会获得什么奖励。通过绩效反馈与沟通,团体(或个人)能更好地认识自己的优势和不足,开发自身的潜能,团体(或个人)知道自己过去做得怎么样,成绩得到肯定,还有哪些不足,应该怎么样去克服,一个人达成未来绩效的动力会得到强化。这样就会对团体(或个人)的工作产生激励作用,促使其通过学习新知识、新技能等方法提高自己的工作能力,进而取得理想的绩效。

五、有助于塑造高绩效的团体文化

优秀的团体文化会对团体绩效产生强大的推动作用,而且,科学的绩效管理系统也有助于高绩效团体文化的塑造。团体(或个人)参与绩效目标的设定可以对团体(或个人)产生自我激励、自我约束作用,明确的绩效标准可以形成公正评价的氛围,进而保证分配的公正性,公开透明的评价制度和过程有助于团体内沟通与合作的开展。

六、有利于公共部门形成竞争机制

在公共管理新模式中,市场机制是其核心特征。绩效评估对公共部门形成竞争机制的意义主要体现在两个方面:通过提供各个公共服务机构绩效方面的信息,引导公众"货比三家",作出正确的选择,从而对公共机构形成压力,迫使他们提高服务质量和效率;在公共部门内部,绩效评估和在此基础上的横向与纵向比较,有助于形成一种竞争气氛,同样会提高服务质量和效率。

第二章　绩效预算理念概述

第一节　预算和预算管理

一、预算概念

预算是一种系统的方法,用来分配团体(或个人)的财务、实物及人力等资源,以实现团体(或个人)既定的战略目标。团体(或个人)可以通过预算来监控战略目标的实施进度,有助于控制开支,并预测团体(或个人)的现金流量与利润。

在我国,预算通常是指国家机关、团体(企业或单位)、个人等对于未来一定时期内的收入和支出的计划,主要包括财政预算、单位或企业预算、个人预算等。

(一)财政预算

财政预算是经法定程序审核批准的国家年度集中性财政收支计划。它规定国家财政收入的来源和数量、财政支出的各项用途和数量,反映着整个国家政策、政府活动的范围和方向。

(二)单位、企业(或个人)预算

单位、企业(或个人)预算是指单位、企业(或个人)未来的一定时期内经营、资本、财务等各方面的收入、支出、现金流的总体计划。它将各种经济活动用货币的形式表现出来。每一个责任中心都有一个预算,它是为执行本中心的任务和完成财务目标所需各种资金的财务计划。

二、预算管理

预算管理包括政府(财政)预算管理和单位、企业(或个人)预算管理。

(一)政府预算管理

政府预算管理,又称财政预算管理,是政府的一项重要职能,包括政府(财政)预算的编制、审批、执行、决算及绩效评价等预算管理过程。政府(财政)预算管理是现代国家公共财政体制建设的基本内容,也是衡量一国财政管理现代化水平的重要标志之一。

(二)单位、企业(或个人)预算管理

单位、企业(或个人)预算管理是指单位、企业(或个人)在战略目标的指导下,对未来的经营活动和相应财务结果进行充分、全面的预测和筹划,并通过对执行过程的监控,将实际完成情况与预算目标不断对照和分析,从而及时指导经营活动的改善和调整,以帮助管理者更加有效地管理企业和最大程度地实现战略目标。

三、全面预算管理

全面预算是指团体(单位、企业)在一定时期内(一般为1年或一个既定的期间)经营、财务等方面的总体预测。它是一种管理工具,也是一套系统的管理方法,通过合理分配团体(单位、企业)的人、财、物等战略资源,协助团体(单位、企业)实现既定的战略目标,并与相应的绩效管理配合以监控战略目标的实施进度,控制费用支出,并预测资金需求和利润。其编制、执行与调整涉及团体(单位、企业)所有部门及主要人员。

全面预算管理,是利用预算对团体(单位、企业)内部各部门、各单位的各种财务及非财务资源进行分配、考核、控制,以便有效地组织和协调团体(单位、企业)的生产经营活动,完成既定的经营目标。

全面预算管理是团体(单位、企业)内部控制的一种方法,是兼具控制、激励、评价等功能为一体的综合贯彻团体(单位、企业)经营战略的管理机制,正确认识和运用全面预算管理工具,对于提升团体(单位、企业)

管理水平、强化内部控制具有非常重要的意义。

第二节　绩效预算理念的涵义

一、绩效预算理念的广义涵义

绩效预算是一种以目标为导向、以项目成本为衡量、以业绩评估为核心的预算体制,具体来说就是把资源分配的增加与绩效的提高紧密结合的预算系统。绩效预算并不是单纯的一些措施或方法,而是一个非常广义的概念,绩效管理的目的就是要实现成效和效率,成效是指应该做的事,效率是指要合理、高效地做事。所以,绩效预算理念的广义涵义,一般包括以下四方面的内容。

(一)绩效预算是一种先进的预算理念

它强调绩效的思想,强化支出责任和效率意识,树立产出和结果的导向,注重提高资金的使用效益,要求提高公共产品和服务的数量与质量。

(二)绩效预算是一种有效的技术工具

它是借鉴绩效管理的手段和方法,用于改进预算管理、完善预算管理的一种工具,主要侧重于技术方面的改进,而忽略其他方面的衡量,因而更多的是作为一种技术方法应用到现行预算管理中去。

(三)绩效预算是一种完善的全过程机制

它在结果导向基础上实现对预算过程的管理,将预算作为一个管理的闭环,贯穿于预算编制、预算执行、预算监督之中,实现全方位、全覆盖,侧重于机制上的控制与改善,每一个环节是下一个环节的接续,体现了全过程的特征。

(四)绩效预算是一种创新的预算管理模式

它在本质上仍是预算管理,服务服从于预算管理,是对现有预算管理模式的改革和完善,并不是与预算管理相割裂、相并行的一个单独体系,而是利用绩效管理理念、绩效管理方法等对现有的预算管理模式的创新与提升,形成了一个有机融合、全面衔接的全新预算管理模式,以强调资金使用效益,提高预算支出效率,实现资源的优化配置,提高资金管理水平。

二、绩效预算理念的狭义涵义

绩效预算理念的狭义涵义,是特指政府绩效预算,即绩效理念＋政府预算。

澳大利亚学者把这种绩效预算分成五个部分:一是政府要办的事;二是配置预算资源;三是以结果为中心制定绩效目标;四是评价目标实现状况的标准;五是评价绩效的指标体系。由此可看出澳大利亚是把绩效预算归结为政府行政活动的资金支持体系的评价模式。所以,要明确绩效预算理念的狭义涵义这个问题:既要从预期目标出发,又要充分考虑已有的实践给予人们的启示;既要把握公共财政条件下预算制度的基本特征,又要认清绩效预算的特殊要求。所以,我们采用的狭义的涵义如下。

绩效预算理念是指由政府部门在明确需要履行的职能和需要消耗资源的基础上确定绩效目标,编制绩效预算,并用量化的指标来衡量其在实施过程中取得的业绩和完成工作的情况。其核心是通过制定公共支出的绩效目标,编制绩效预算,建立预算绩效评价体系,实现对财政资金从注重资金投入向注重支出效果转变。

三、绩效预算理念的三要素

绩效预算的要素包括"绩""效""预算"三个方面。绩效预算要求团体(政府、单位和企业)的每笔支出都必须符合"绩""效""预算"三要素的要求。

第一,"绩"是指预算拨款需要达到的某一具体的绩效目标。这些绩效目标应当尽量予以量化并辅之以相应的绩效指标,从而作为编制预算的依据,以及在预算执行完毕后可以据此进行结果考核。绩效目标应具有定量性和可衡量性。由于一项指标往往难以全面反映绩效目标,因而需要建立一整套绩效指标体系。绩效指标体系的设计,通常应当包括投入、产出与结果等几方面,一般以支出部门的绩效内容及其特征值来表现。

第二,"效"是指使用预算拨款资金所带来的产出和结果指标,对绩效的考核指标设计包括量的考核指标和质的考核指标两部分。

第三,"预算"是指完成业绩所需的预算拨款额,或公共劳务成本,它包括人员工资和各种费用在内的全部成本。凡是能够直接量化的,团体(政府、单位和企业)都应当计算并公布标准成本。

目前,我国财政预算是以绩效评价先行,明确绩效目标,从而进一步贯彻绩效预算理念,推进财政预算绩效管理改革,提高财政资金的使用效益。

第三节 我国财政绩效预算的发展

绩效预算自20世纪40年代提出以来,目前已经有50多个国家不同程度地实施了绩效预算。从国际经验角度看,绩效预算的产生有特定背景条件,伴随着绩效预算的完善过程,这种预算模式也形成了稳定的基本内容。

从20世纪90年代后期开始,我国分步设计、推行了一系列预算制度改革措施,内容包括部门预算、国库集中收付、预算外资金收支"两条线"等。这些改革虽然未在各级政府同步推行,但对各级政府的资金管理理念和制度变革选择产生了指导作用。推行绩效预算是一项复杂的系统工程,涉及财政基本理论、行政体制、经济管理体制等多方面因素。从财政在政府体系中的地位来看,要分步建立绩效预算就应首先认清这一全新的预算模式与政府绩效评价体系之间的关系,本书试就此问题进行较为系统、深入的研究。

与具有百年历史的美国绩效预算相比,我国的绩效预算改革才算刚刚起步。我国的绩效预算改革发展是从财政支出绩效评价开始的。从这些年的改革实践来看，在预算管理改革方面，正逐步地向绩效预算的方向迈进。整个发展大致可以分为四个阶段。

一、建立投资评审体系阶段

我国建立了完整的财政投资评审体系，这种投资评审体系，是对项目的事后评价。到目前为止，我们建立了比较完整的投资评审队伍，在实践中也形成了一些投资评价的方法，评价的模式相对比较成熟。正是有了这种完整的投资评审体系，我国投资性支出的评价才开始形成。这既是我国推行绩效预算的一个切入点，也是实施绩效预算改革的准备阶段。

二、绩效评价的理念引入阶段

随着我国财政支出绩效评价向前推进，绩效评价的理念开始被引入我国，人们也开始在实践当中探索实行绩效预算的可能性和可行性。结果是，在实践上实行完整的绩效预算还不具备条件，但是全方位展开对财政支出绩效的评价是可行的，而且要由专门的机构来负责。在这一背景下，我国的财政支出绩效评价拓展到了一般预算支出、项目支出，这是一个实质性的进步。中央也在一些支出项目上摸索经验，并形成了一些支出评价的方法，涉及教育、科技、卫生、转移支付、社保资金等。在地方上，已经开始重视支出的绩效评价，并拓展到一般预算支出中的项目支出。相应地，很多地方成立了专职机构，如广东、湖南、江苏、浙江等。这意味着我国绩效评价又向前推进了一步，为绩效预算的进一步改革创造了条件。

三、向绩效预算迈进阶段

进入这一阶段的标志是财政部出台的《中央部门预算支出绩效考评办法》(以下简称《办法》)。这表明我国绩效评价已经开始有了实质性的突破，主要表现在三个方面：①开始要求对部门绩效进行评价，实际上就是对政府绩效的评价。②要进行综合评价，在前两个阶段，绩效预算还只涉及财政投资性支出，涉及一般预算支出的项目，属于个体的评价。《办法》出台以后,要求对整个部门预算进行综合性的评价,这表明向绩效预算靠近了一大步。③要求有专门的评价主体。即确定绩效评价的组织管理体系。在这一阶段,我国在推行绩效预算方面也进行了大量的探索,归纳起来看,一方面是逐步在推进,另一方面是以支出绩效评价为切入点,逐步完善支出绩效评价,并最终推进到整体的绩效预算层面。

四、绩效预算深入发展阶段

进入这一阶段的标志是财政部出台的《关于推进预算绩效管理的指导意见》(2011)、《财政支出绩效评价管理暂行办法》(2011)、《预算绩效管理工作规划(2012～2015年)》(2012)等,这标志着我国的绩效管理有了明确的法规和制度保证,有了明确的规划指引,绩效评价指标、评价标准和方法更加规范、科学、合理。

第四节 绩效预算、预算绩效和支出评价的关系

在我国,"绩效预算""预算绩效""支出评价"的出现频率极高,也极易产生混淆,有必要厘清它们之间的关系。

一、三者的"字面"释义

如前所述,预算就是用数字编制未来某一个时期的计划,也就是用财务数字或非财务数字来表明预计的结果(西方国家普遍采用此广义预算概念)。我国"预算"一般定义为:经法定程序批准的政府部门、事业单位和企业在一定期限内的收支预计。预算从编制的部门分,可分为企业预算、个人预算和政府(财政)预算;从编制的方法和内容分,可分为零基预算、滚动预算、单项预算、全面预算等。

(1)绩效预算:绩效理念＋广义预算概念＝绩效预算理念(理念、模式、思想或方法)。

(2)预算绩效:财政预算管理＋绩效预算理念。即在财政预算资金分配中要讲绩效,这是指一项财政工作。

（3）支出评价：财政支出项目＋绩效评价。它包括预算项目支出评价、各种财政专项资金支出评价。支出评价是涵盖在预算绩效管理各个环节中的一项管理工作，分为事前绩效评价、事中绩效评价、事后绩效评价。

二、三者的关系分析

绩效预算是一个大系统，是一种新的"理念""思想""预算模式"，是以一种结果为导向的预算体制。它涵盖所有预算，包括企业（或个人）预算、政府预算，也包括零基预算、滚动预算、全面预算这些方法。预算绩效是这个大系统中在财政领域体现的子系统，或者说是运用在财政领域的管理工作。

支出评价是预算绩效管理工作的内容之一（或阶段、环节）。三者关系如图 2-1 所示。

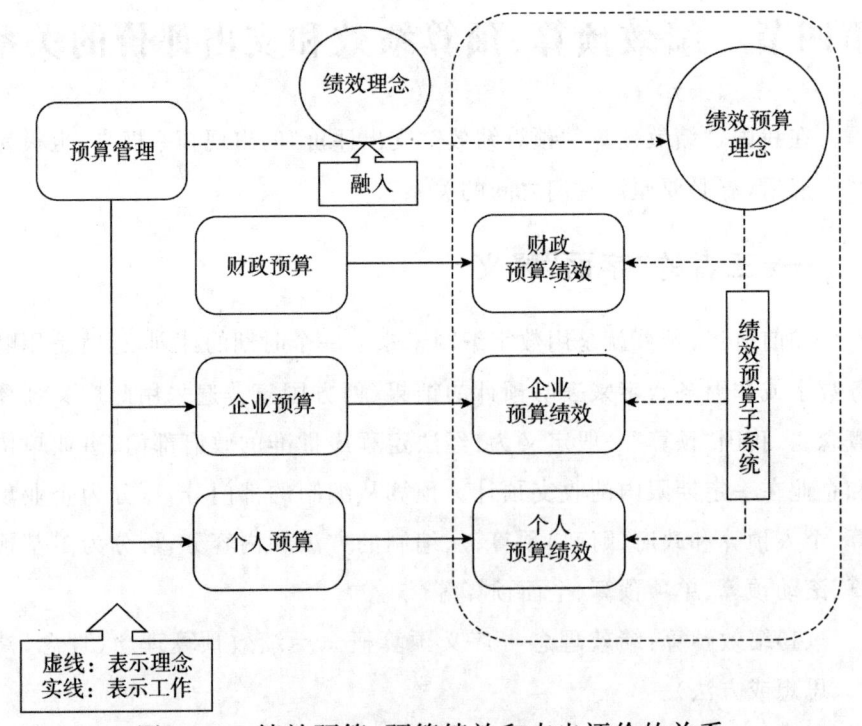

图 2-1 绩效预算、预算绩效和支出评价的关系

(一)绩效预算是一种新式预算理念(方法)

绩效预算理念,要求人们在编制预算时要以"组织或个人"的绩效为依据,就是要把预算资金(拨款支出)和要做的事的结果联系起来;绩效预算又是绩效的核算,就是从资金使用的角度去分别规划"组织或个人"在单一预算年度内可能取得的绩效。绩效预算理念,要求组织(或个人)的每笔支出必须符合"绩、效、预算"三要素的要求。

(二)预算绩效要求财政资金体现绩效

预算绩效,又称政府预算绩效或财政预算绩效,是财政工作的内容,它是指财政预算资金所达到的产出和结果。

预算绩效管理,是一个由"绩效目标管理、绩效运行跟踪监控管理、绩效评价实施管理、绩效评价结果反馈和应用管理"四个环节共同组成的综合系统。它是政府绩效管理的重要组成部分,是财政科学化、精细化管理的重要内容和结果要求,是一种以支出结果为导向的预算管理模式。

财政是政权的财政,财政预算是各政府部门权力配置的体现,而权力的配置与责任的配置又是相对等的。作为一种新型的预算模式,要求财政(政府)预算体现绩效,体现政府各部门的权力与责任。

(三)支出评价要求财政支出进行评价监督

支出评价,也称绩效评价或财政支出绩效评价,是上述预算绩效管理的内容之一。它是对各项财政支出情况进行评价和监督,它的根本意义是要以财政支出效果为最终目标,考核政府(或预算部门、单位)的职能实现程度,也就是考核政府提供的公共产品或公共服务的数量与质量、成本及效益(社会效益、经济效益、生态效益、满意度等)。

综上所述:

(1)绩效预算是理念、是模式、是广义概念;

(2)预算绩效,是财政预算工作,是指在财政资金分配工作中体现"绩效预算理念";

(3)支出评价是预算绩效管理工作的一项重要内容,对各项财政支出进行事前、事中、事后评价监督,也是一种方法。

第三章 财政预算绩效管理理论概述

第一节 财政预算绩效管理概述

一、财政预算绩效管理的含义

财政预算管理包括"预算编制""预算审批""预算执行与调整""决算"等阶段,它是一个系统的、完整的制度体系,涵盖了预算管理的全过程。财政预算管理融入"绩效预算"的方法(理念),即为"财政预算绩效管理",简称"预算绩效管理"。

如前所述,财政预算绩效管理是一个由"绩效目标管理、绩效运行跟踪监控管理、绩效评价实施管理、绩效评价结果反馈和应用管理"共同组成的综合系统。它是政府绩效管理的重要组成部分,是财政科学化、精细化管理的重要内容和结果要求,是一种以支出结果为导向的预算管理模式。它强化政府预算为民服务的理念,强调预算支出的责任和效率,要求在预算编制、执行、监督的全过程中更加关注预算资金的产出和结果,要求政府部门不断改进服务水平和质量,花尽量少的资金、办尽量多的实事,向社会公众提供更多、更好的公共产品和公共服务,使政府行为更加务实、高效。

二、财政预算绩效管理的特点

财政预算绩效管理的特点主要有:

(一)财政预算绩效管理是环节化管理

预算绩效管理分为"绩效目标管理、绩效运行跟踪监控管理、绩效评价实施管理、绩效评价结果反馈和应用管理"四个环节。环节化管理是预算绩效管理流程再造的方向,与企业管理中的流水线方式有类似之处。

(二)财政预算绩效管理的出发点并非"省钱"

预算绩效管理的出发点并非"省钱",而是追求有效供给。无论绩效目标的设定、预算,还是对部门、项目的资金效果的评价都必须回答"是否,或在多大程度上增进了公共利益"以及"获得的利益与拨款相比是否值得"两个问题。在传统理财模式下,常常要求"少花钱、多办事"。然而,政府服务是有成本的,事业成本也就是公共服务达到某一标准时的必不可少的消耗。要使公共支出有效,就必须在预算供给上达到相应的成本要求。"少花钱、多办事"的本意是提高效益,而有效供给原则虽然看起来并不省钱,实际却是最节约的预算。

三、财政预算绩效管理的必要性

推进财政预算绩效管理,对于提升政府执政公信力,促进高效、责任、透明政府的建设具有重大的政治、经济和社会作用;推进财政预算绩效管理,是深化行政体制改革的重要举措,也是财政科学化、精细化管理的重要内容;推进财政预算绩效管理,有利于提升预算管理水平、增强单位支出责任、提高公共服务质量、优化公共资源配置、节约公共支出成本。

推进财政预算绩效管理,要将绩效预算理念融入预算管理全过程,使之与预算编制、预算执行、预算监督一起成为预算管理的有机组成部分,逐步建立"预算编制有目标、预算执行有监控、预算完成有评价、预算结果有反馈、反馈结果有应用"的预算绩效管理机制。

第二节 财政预算绩效管理的理论依据

财政预算绩效体现了绩效预算的理念和模式,它包含公共经济学、现代管理科学、委托代理理论的科学内涵,是多种现代科学理论在公共财政管理上的具体运用。

一、公共经济理论

西方财政理论认为,现代市场经济是公共部门经济和私人部门经济构成的混合经济,财政实质上是公共部门经济,是整个社会混合经济的有机组成部分。它对经济进行调节和管理,把财政收支活动同资源有效配置、收入公平分配和经济稳定发展等宏观经济活动结合起来。经济学是研究如何利用稀缺资源来满足人们的需要,即人们花费最小的资源获取更多、更好的效用。运用到财政支出的决策中,就是最有效地使用财政资源,获得最大的社会政治经济效益。这就要求政府在组织公共财政收入和安排公共财政支出时要有效率和效益观念,特别是在安排财政支出过程中要讲效率、求效益。

公共部门的存在,是因为公共部门能提供私人部门不能提供和不能有效提供的产品(或服务)。公共产品理论的提出更使财政的研究对象从单纯的财政收支拓展到财政活动的终点上,即公共产品的产出和提供。提供公共产品时,必须回答与解决一系列问题,如所生产的公共产品的规模、数量应该有多大?什么才是公共产品与私人产品理想的社会混合?如何在一系列可供选择的方案中择优?假定公共产品完全从税收中取得经费来源,它应如何在社会不同成员间分配税收负担?对于这些问题的回答与解决,所依据的首要原则是建立一个投入—过程—产出—结果的公共产品生产流程,并评价公共支出在其中的效益状况。

根据公共经济学,财政支出的过程,实际上就是社会资源的耗费过程。社会资源同人们的需求相比总是存在稀缺性,财政资源也同样存在稀缺性。这就要求财政收支活动中,要通过最有效地筹集、使用和管理财政资源,用最小的支出提供更多、更好的公共产品(服务),获得最大的社会政治经济效益。而是否获得了最大的效益,在具体的管理操作中依赖于对预算支出实施绩效评价来判断。预算支出的绩效评价就是通过对预算活动的绩效进行分析考核,来为公共资源的优化配置提供依据和方法。

二、委托—代理理论

委托—代理理论在制度经济学中具有举足轻重的地位,它强调契约精神,是制度经济学家破解内部信息不对称和激励问题而迸发的光辉成果,在委托方和代理方存在利益冲突和信息不对称的常态下,为委托人找到一条科学、经济、有效的激励方法,确保代理人完成各项工作任务找到可靠路径。委托—代理理论是破解预算绩效管理种种瓶颈问题的重要支撑理论。

将经济学中的企业委托—代理关系延伸至政府管理之中,使得政府与部门之间不再仅仅是行政隶属关系,还是公共委托—代理关系。在传统预算管理模式下,由于政府与部门之间的隶属关系,下级部门专注于执行上级部门下达的预算支持等各种行政指令,造成政府预算的管理聚焦于资金的投入,而忽视资金投入所带来的产出与效益。在引入委托—代理关系之后,各级政府部门预算支出单位得到了更多的自主权力和更多的灵活性,但是各级政府部门必须更加关注政府资金投入与产出的绩效。

依托委托—代理理论,通过建立健全的预算执行监督、预算绩效评价、评价结果反馈等机制,不仅仅可以对预算支出单位的具体支出行为进行监督,还可以获得系统的、科学的预算支出绩效,并依据评价结果反馈和应用系统,对预算支出单位予以考评,从而实现政府财政预算的高产出、高效益。预算绩效强调在公共产品的生产过程中引入竞争,通过竞争带来预算制度两个方面的改进:一是通过竞争能够发现公共产品的真实成本;二是竞争能抑制政府职能部门的机会主义冲动,有利于加强对其控制,保证公共利益。可以说,预算绩效倡导的"引入竞争",与委托—代理理论的政策要求是完全吻合的。

三、新公共管理理论

在传统公共管理的模式下,政府是非营利性质的,政府活动只要严格遵从预算的要求,组织预算收支即可。政府的持续发展能力和偿债能力取决于政府继续为之提供资金的意愿,而不是取决于政府部门取得结果和回报的能力。然而新公共管理理论提出,政府的职能和根本目标应是履行管理社会公共资源的责任,提供社会公共产品和公共服务,政府活动应从纯粹的预算分配向积极的财政管理扩展,社会对政府的关注也应由注重实现公共资源使用分配的过程,向注重实现公共资源使用分配的结果转变。

从管理学意义上而言,"新公共管理"模式是站在"企业化政府"的高度上,将社会公众与政府的关系,定位为新型的"公共受托责任"关系,它要求把反映公共资源的优化配置和合理利用、考核公共部门的绩效和增加透明度视为受托责任的核心。对公共部门提供的公共服务确立明确计量绩效的量化标准,包括服务提供的范围、水平和内容等,强调节省资源,降低服务成本,而不是将重点放在机构设置、公共服务数量等方面。预算收支活动特别是支出活动的绩效管理是实现政府"企业化管理"的关键技术。预算绩效管理的引入提高了政府整体的受托责任观,扩大了评估政府财政状况和行政能力的信息范围,政府管理者将借助财政支出分配和使用的评价信息,来制定合理的政策目标、预算和活动计划,并对具体项目和行为的可行性及合理性作出理性决策,以引导政府资源的合理流动和运行。

四、绩效目标和公共责任

(一)绩效目标

绩效目标就是财政预算预期实现的公共价值体现,包括产出和效果两部分,简单地说就是花钱做什么事、发挥什么作用。因此,做成的"事"是我们所要追求的"产出目标",具体可以分为"产出数量目标、产出质量目标、产出时效目标",它是对产出属性的进一步界定和细化,有利于目标的指标化,以及便于后续的跟踪和评价。而针对产出后的作用、意义、影响就是"效",即"效果目标",一般包括"经济效益、社会效益、生态效益、利益相关者的满意度"等。

所以，预算应该与目标相匹配，花多少钱做多少事，做多少事需要多少经费，二者相辅相成。财政支出完成的过程，也就是绩效目标实现的过程，是预算由货币形态转变为物质形态和产生实际价值的过程。一定意义上说，财政预算等于绩效目标。

(二)公共责任

财政预算的执行过程，就是公共责任的履行过程。绩效运行跟踪监控管理、绩效评价实施管理、绩效评价结果反馈和应用的过程，就是承担相应公共责任的过程。显然，使用的现金越多，承担的责任也越大。最后，究竟财政预算该不该安排，财政资金该不该使用，该如何使用，使用以后的效益怎样，这些都需要通过绩效评价来认定。因此，绩效评价过程，就是对公共责任的回应过程，同时也是落实公共责任和开展问责的依据。所以，一定意义上说，财政预算等于公共责任。

第三节　财政预算绩效管理的环节

从定义上来讲，财政预算绩效管理是融合了年初编制预算、预算经费使用、全程经费监督的一个考量财政资金使用效率与使用效益的绩效考核手段，它是政府实行全面绩效管理的一个重要方面，是基于实现年初制定的绩效目标，通过全程监管与后期评价等方式，达到提升资金使用效率，降低政府机关运行成本，实现财政资源有效配置的目的，是一种较为先进的预算管理模式。它可理解为是针对整个财政预算流程所采取的目标为导向的绩效管理，涵盖了事前绩效编审、事中绩效跟踪和事后绩效问效的系统性工作。

可见，该项工作是一个包含前期目标设定、中期执行监管、后期效果评价和长期反馈运用等多个方面的综合性绩效管理工作，按其实施的先后顺序主要可概括为四个环节：绩效目标管理环节、绩效运行跟踪监控管理环节、绩效评价实施管理环节、绩效评价结果反馈和应用管理环节。

一、绩效目标管理环节

(一)绩效目标设定

绩效目标是预算绩效管理的基础,是整个预算绩效管理系统的前提,包括绩效内容、绩效指标和绩效标准。预算单位在编制下一年度预算时,要根据国务院编制预算的总体要求和财政部门的具体部署、国民经济和社会发展规划、部门职能及事业发展规划,科学、合理地测算资金需求,编制预算绩效计划,报送绩效目标。报送的绩效目标应与部门目标高度相关,并且是具体的、可衡量的、一定时期内可实现的。预算绩效计划要详细说明,为达到绩效目标拟采取的工作程序、方式方法、资金需求、信息资源等,并有明确的职责和分工。

绩效目标要能清晰反映预算资金的预期产出、预期效果和满意度,并以相应的绩效指标予以细化、量化描述。其主要包括三个方面:一是预期产出,是指预算资金在一定期限内预期提供的公共产品和服务情况。二是预期效果,是指上述产出可能对经济、社会、环境等带来的影响情况,以及服务对象或项目受益人对该项支出影响的满意程度等。绩效指标是绩效目标的细化和量化描述,主要包括产出指标、效益指标。产出指标是指预期产出的描述,包括数量指标、质量指标、时效指标、成本指标等。效益指标是对预期效果的描述,包括经济效益指标、社会效益指标、生态效益指标、可持续影响指标等。三是满意度,是反映服务对象或项目受益人的认可程度指标。

绩效目标的设定方法包括四点:首先,对项目的功能进行梳理,包括资金性质、预期投入、支出范围、实施内容、工作任务、受益对象等,明确项目的功能特性;其次,依据项目的功能特性,预计项目实施在一定时期内所要达到的总体产出和效果,确定项目所要实现的总体目标,并以定量和定性相结合的方式进行表述;再次,对项目支出总体进行细化分解,从中概括、提炼出最能反映总体目标预期实施程度的关键性指标,并将其确定为相应的绩效指标;最后,通过收集相关基准数据,确定绩效标准,并结合项目预期进展、预期投入等情况,确定绩效指标的具体数值。

(二)绩效目标审核

财政部门要依据国家相关政策、财政支出方向和重点、部门职能及事业发展规划等对单位提出的绩效目标进行审核,包括绩效目标与部门职能的相关性、绩效目标的实现所采取措施的可行性、绩效指标设置的科学性、实现绩效目标所需资金的合理性等。绩效目标不符合要求的,财政部门应要求报送单位调整、修改;审核合格的,进入下一步预算编审流程。

绩效目标审核的内容主要包括:

(1)完整性审核。绩效目标的内容是否完整,绩效目标是否明确、清晰。

(2)相关性审核。绩效目标的设定与部门职能、事业发展规划是否相关,是否对申报的绩效目标设定了相关联的绩效指标,绩效目标是否细化、量化。

(3)适当性审核。资金规模与绩效目标是否匹配,在既定的资金规模下,绩效目标是否过高或者过低,或者是否要完成既定绩效目标,资金规模是否过大或者过小。

(4)可行性审核。绩效目标是否经过充分论证和合理测算,所采取的措施是否切实可行,并能确保绩效目标如期实现,综合考虑成本效益,是否有必要安排财政资金。

绩效目标审核结果分为"优""良""中""差"四个等级,作为项目预算安排的重要参考因素。审核结果为"优"的,直接进入下一步预算安排流程;审核结果为"良"的,可与相关部门或单位进行协商,直接对其绩效目标进行完善后,进行下一步预算安排流程;审核结果为"中"的,由相关部门或单位对其绩效目标进行修改完善,按程序重新报送审核;审核结果为"差"的,不得进入下一步预算安排流程。

(三)绩效目标批复

财政预算经各级人民代表大会审查批准后,财政部门应在单位预算批复中同时批复绩效目标。批复的绩效目标应当清晰、可量化,以便在预算执行过程中进行监控和预算完成后实施绩效评价时对照比较。绩效目标确定后,一般不予调整。预算执行中因特殊原因确需调整的,应按照绩效目标管理要求和预算调整流程报批。各部门和所属单位应按照批复的绩效目标组织预算执行,并根据设定的绩效目标开展绩效监控、绩效自评和绩效评价。

(四)事前绩效评价

事前绩效评价是对财政支出项目实施前的绩效评价,是上述工作的延伸。包括财政支出项目是否立项、核定项目绩效目标是否完整、评价项目申请财政资金是否符合项目绩效目标的要求及相关性、建议项目来安排预算资金的额度。

二、绩效运行跟踪监控管理环节

绩效运行跟踪监控管理是预算绩效管理的重要环节。各级财政部门和预算单位要建立绩效运行跟踪监控机制,定期采集绩效运行信息并汇总分析,对绩效目标运行情况进行跟踪管理和督促检查,纠偏扬长,促进绩效目标的顺利实现。跟踪监控中发现绩效运行目标与预期绩效目标发生偏离时,要及时采取措施予以纠正。

三、绩效评价实施管理环节

财政支出绩效评价是预算绩效管理的核心。预算执行结束后,要及时对预算资金的产出和结果进行绩效评价,重点评价产出和结果的经济性、效率性和效益性。

绩效评价应以项目支出为重点,重点评价一定金额以上、与本部门职能密切相关、具有明显社会影响和经济影响的项目。上级政府对下级政府的转移支付包括一般性转移支付和专项转移支付。一般性转移支付原则上应当重点对贯彻中央重大政策出台的转移支付项目进行绩效评价;专项转移支付原则上应当以对社会、经济发展和民生有重大影响的支出为重点进行绩效评价。

绩效评价实施管理的内容包括：一是绩效目标的设定情况；二是资金投入和使用情况；三是为实现绩效目标制定的制度、采取的措施等；四是绩效目标的实现程度和效果等。绩效评价一般以预算年度为周期，对跨年度的重大项目可根据项目或支出完成情况实施阶段性评价。

实施绩效评价要编制绩效评价方案，拟订评价计划，选择评价工具，确定评价方法，设计评价指标。预算具体执行单位要对预算执行情况进行自我评价，提交预算绩效报告，要将实际取得的绩效与绩效目标进行对比，如未实现绩效目标者，须说明理由。组织开展预算支出绩效评价工作的单位要提交绩效评价报告，认真分析研究评价结果所反映的问题，努力查找资金使用和管理中的薄弱环节，制定改进和提高工作质效的措施。财政部门对预算单位的绩效评价工作进行指导、监督和检查，并对其报送的绩效评价报告进行审核，提出进一步改进预算管理、提高预算支出绩效的意见和建议。

四、绩效评价结果反馈和应用管理环节

建立预算支出绩效评价结果反馈和应用制度，将绩效评价结果及时反馈给预算具体执行单位，要求其根据绩效评价结果，完善管理制度，改进管理措施，提高管理水平，降低支出成本，增强支出责任；将绩效评价结果作为安排以后年度预算的重要依据，优化资源配置；将绩效评价结果向同级人民政府报告，为政府决策提供参考，并作为实施行政问责的重要依据。逐步提高绩效评价结果的透明度，将绩效评价结果，尤其是一些社会关注度高、影响力大的民生项目和重点项目支出绩效情况，依法向社会公开，接受社会监督。

第四节 财政预算绩效管理的意义

近年来，各级财政和预算部门认真贯彻落实党中央、国务院的要求，积极探索并稳步推进预算绩效管理工作，强化效率观念和绩效理念，取得了初步成效。预算绩效管理制度逐步建立，组织机构不断健全，增强了预

算绩效管理的工作保障;绩效目标管理日益加强,绩效评价范围不断扩大,促进了财政资金使用效益的提高;绩效评价结果探索应用,增强了结果导向的管理理念和部门支出责任意识;全过程预算绩效管理框架逐渐清晰,中央与地方协同推进的工作格局初步形成,推动了预算绩效管理工作的有序开展。

同时,我国的预算绩效管理工作仍处于发展阶段,存在一些亟待解决的问题:"绩效预算理念"还未牢固树立,"重分配、轻管理,重支出、轻绩效"的思想还在一定程度上存在;绩效方面的法律法规相对缺失,统一的工作规划尚未制定,管理制度体系仍不健全,相关办法不具体、不细化、不系统,对预算绩效管理的保障支撑不强;绩效评价主体单一,第三方评价欠缺,绩效评价的公信力和权威性有待提高;全过程预算绩效管理还刚刚实行,绩效目标编制仍没有实质性突破;基础管理工作比较薄弱,指标体系、信息系统、人员队伍、专业绩效评价机构建设等相对滞后,制约了绩效管理工作的深入开展;预算绩效管理在省级开展得较多,市、县级开展得较少;激励约束机制不够健全,评价结果与预算安排还未有机结合,优化、促进预算管理的作用尚未充分体现。总体上看,预算绩效管理工作与党中央、国务院的要求和社会各界的期望还存在一定的差距,亟须统筹规划、协调推进。

加快建立现代财政制度,建立权责清晰、财力协调、区域均衡的中央和地方财政关系。建立全面规范透明、标准科学、约束有力的预算制度,全面实施绩效管理。所以,加强预算绩效管理,提高财政科学化、精细化管理水平,有利于深入贯彻落实科学发展观和中共中央、国务院关于经济财政工作的各项要求,有利于进一步完善政府绩效管理制度和加强财政预算管理工作,有利于推动政府职能转变和公共财政体系建设。

一、加强预算绩效管理,是深入贯彻科学发展观的客观要求

预算绩效管理强调结果导向,加强预算绩效管理,促进公共资源的科学合理配置,要求使用好有限的财政资金,进一步保障和改善民生,促进

社会主义和谐社会建设,做到发展为了人民、发展成果由人民共享,这与科学发展观以人为本的核心要求是一致的。我国政府应当以建设法治政府和服务型政府为目标,不断创新管理方式,优化现有行政体制,将政府职能由"管理员"向"服务员"转变。公共财政取之于民,用之于民,在政府支出管理中树立绩效意识、体现绩效要求、提高财政资金使用效益,有利于从根本上改变政府部门在经费支出过程中存在的——在强调资金收入、资金分配、资金数量的同时,却忽视资金支出、资金管理、支出质量的问题,有利于促进公共资源的合理分配,提升财政资金的使用效率,转变经济发展方式,改善民生福祉。从财政预算绩效管理的内涵及内容看,它是与新时代政府职能转变要求最为配套的管理方式。

二、加强预算绩效管理是建设高效、责任、透明政府的重要内容

预算绩效管理注重支出的责任,加强预算绩效管理,强化部门的支出责任意识,履行好经济调节、市场监管、公共服务、社会管理等政府职能,推进预算绩效信息公开,有利于促进政府部门提高管理效率,改善决策管理和服务水平,提升公共产品和服务的质量,进一步转变政府职能,增强政府执行力和公信力。此外,实现对预算绩效信息的透明公开,也有利于政府部门管理效率的提高,决策管理服务水平的提高,基本公共服务供给水平的提升,政府职能的转变。所以说,加强预算绩效管理是打造服务型效能政府的重要抓手。

从经济支撑的视角来看,强化财政预算绩效管理可更好地服务于法治政府的构建。法治政府应该具备公开透明政府、责任政府和诚信政府的特征,财政预算绩效管理方式需要从事前、事中、事后的视角全方位、全流程地对财政预算进行绩效评价;对各级政府、部门的公共治理服务从资金的视角进行目标管理、过程管理、绩效管理,并随着全程绩效评价的结果随时、及时地对各部门的治理服务进行调节、控制;同时,以绩效考评为代表的有关绩效管理信息,也要定期或不定期地向政府部门、人大、政协、

社会公众、媒体等公开,这些对于高效、责任、透明政府构建有着极大的促进和约束作用。

三、加强预算绩效管理,是财政科学化、精细化管理的出发点和落脚点

预算绩效管理是财政科学化、精细化管理的重要内容,是效率观念的拓展和提升。加强预算绩效管理,要求预算编制时申报绩效目标,实施绩效运行监控,加强绩效监督和结果问责,建立预算安排与绩效评价结果有机结合机制,把绩效理念融入预算编制、执行、监督管理全过程,既可有效缓解财政收支紧张的矛盾,又可提高财政资金的使用效益,是进一步提升财政科学化、精细化管理水平的有力抓手,可以说这是实现财政科学化、精细化管理的出发点和落脚点。

四、加强预算绩效管理,是财政改革发展到一定阶段的必然选择

预算绩效管理更加关注公共部门直接提供服务的效率,加强预算绩效管理,促进财政工作从"重资金分配和投入"向"重项目管理""重资金绩效"转变,解决财政资金使用的绩效和支出责任问题,是市场经济国家财政管理发展的一般规律,也是我国财政改革发展到一定阶段的必然选择。

要严格界定好市场这只"无形的手"和政府这只"有形的手"的行为边界,政府的治理必须在出现市场无效或者是市场低效的情况下。众所周知,财政与政府治理息息相关,由此,政府治理新模式的构建必然亟须新型的财政管理方式来与之相对应。鉴于财政预算绩效管理能够溯源于财政预算的初始功能,从经济预算支撑的首个环节便能做到围绕政府与市场的行为边界,从经济视角关注政府那只"有形的手",它可以有效地对各级政府及其部门的治理服务或者项目进行源头控制和过程控制,这是一种与新时代政府治理模式要求相搭配的财政管理模式。

由此可见,顺应时代发展要求,立足我国国情并借鉴国际经验,逐步

推行绩效预算,建立科学的预算绩效评价体系,对于深化财政改革,加强财政管理和提高财政保障能力;对于强化政府的社会管理和公共服务职能,建设服务型政府,提高公共部门的管理水平和能力;对于全面贯彻落实财政工作要求、执政为民的执政观和经济社会发展战略目标,推进社会主义和谐社会建设等,都具有重要的现实意义和深刻的长远意义。

第四章　财政预算绩效目标管理与设计

第一节　绩效目标管理

一、绩效目标管理的概念

绩效目标管理强调把社会公众看作顾客，要求政府的一切活动都要从公众的需求出发，并建立财政支出绩效评价管理体系，通过构建一套复合指标测定政府服务成本和效率，来推动政府责任的导向和激励作用，采用私营部门的管理手段，对产出结果提出意见，从而区别传统的公共行政做法。

绩效目标管理实行严明的绩效目标控制，实施全面质量管理，从而增强政府服务意识和执政水平，改变"政府本位"现象，满足社会经济全面发展的要求。总之，绩效目标管理是财政部门和预算部门及其所属单位以绩效目标为对象，以绩效目标的设定、审核和批复为内容所开展的预算管理活动。

绩效目标既是整个预算绩效管理体系运行的前提，又引领整个预算绩效管理体系全过程。科学的预算绩效目标对推行预算绩效管理体系有着重要的基础性和推动性作用。绩效目标在资金的预算、实施方案的制定和项目完成后的评价中都可作为重要的参考和依据，贯穿于项目的整个过程之中。科学规范、高标准、高要求的绩效目标能够指导项目更好地开展，进而创造出可观的效益。

二、绩效目标

绩效目标是指资金使用单位根据其履行职能和事业发展的需要所申请的预算资金计划,在一定期限内达到的产出和效果,是预算绩效管理的前提和基础,是贯穿预算绩效管理始终的一条主线,是建设项目库、编制部门预算、预算资金安排、事中绩效跟踪和事后绩效评价的重要依据。

绩效目标是由预算部门在申报部门预算时填报的,以相应绩效指标的细化、量化来反映绩效目标,主要包括绩效内容、绩效指标、绩效标准和绩效目标值。

(一)绩效内容

绩效内容贯穿预算项目的各个环节,包括投入、过程、产出和效果四个方面。投入方面主要指的是资金安排,过程方面主要指的是资金使用的合法合规情况,产出层面主要指的是公共产品及公共服务的产出范围、种类以及数量,效果层面主要指的是预算资金支出对社会层面的影响。

1. 投入

投入方面的目标主要是指项目立项方面的目标和资金安排方面的目标。

(1)项目立项方面的目标

项目立项方面的目标要求合乎规范、立项合理、项目预期目标客观明确。

①项目立项合乎规范

这主要是指项目申请、批准设立合乎现有规定,整个审核程序合法有效。

这一目标包含以下含义:项目申请过程符合规定程序;项目申请所提交的各种文件达到相关标准;项目立项依据充分可靠,事前已经过充分且必要的可行性论证等。

②立项合理

这是指项目的设定能够实现一定的目标,项目合乎国家法律法规和项目执行部门的战略目标。

这一目标主要包含以下含义:预算项目的设立符合相关法律规定,并与政府执政目标相适应;项目与预算执行单位的职责密切相关,有助于预算执行单位实现其行政管理任务和战略目标;项目是预算执行单位履行相关行政职能和实现部门战略目标所必需的;项目的预期产出和效益与其付出的成本大致相当,与正常的项目执行效果相当。

③项目预期目标客观明确

这是指项目的最终目标是清晰的、可衡量的,这些目标能够成为最终评价项目运行成果的依据。

这一目标主要包含以下含义:预算绩效目标已经经过充分细化,分解成为多个具体的目标;项目各项具体目标都有清晰的、可衡量的指标来加以体现;项目各项具体目标与部门职责和年度计划相匹配;项目资金与预算安排的投资额度相当。

(2)资金安排方面的目标

要确保项目资金足额到位、及时到位并兼顾项目资金的效率和节约。

①项目资金到位率

这是指实际到位资金达到了计划安排的资金,能够保障项目整体的顺利进行和任务的最终完成。

这一目标主要包括以下含义:项目资金实际到位总量与计划投入量相匹配,项目资金实际到位总量与完成项目所需要的资金量相匹配。

②项目资金到位及时率

这是指资金能够按照项目所需及时到位,来满足项目支付需求。

这一目标主要包含以下含义:项目资金实际到位满足项目资金支出进度的要求,项目资金实际到位情况符合预算安排中的资金到位时间安排。

③项目资金使用兼顾效率和节约

这指的是项目投入涉及财政资金的分配,必须以有限的财政资金尽可能地多提供公共产品及公共服务,在保障实现必要绩效目标的同时节约使用财政资金。

这一目标主要包含以下含义:项目资金安排有充分依据;项目资金能够保证项目的顺利实施;项目资金安排科学严谨,不存在过量资金安排;项目资金管理制度详细健全,确保项目资金的科学合理使用。

2.过程

过程层面主要涉及项目业务管理和财务管理两个方面的目标。

(1)项目业务管理方面

项目业务管理方面的目标要求有健全的管理制度、管理制度能够得到有效的执行,以及管理制度能够对项目进度、质量等起到充分的控制作用。

①业务管理方面的管理制度健全

这是指预算项目的进行有完整的制度体系能够保障项目顺利实施。整个管理制度应当能够规范项目实施行为,反映项目实施中的各种行为。

这一目标主要包含以下含义:项目有着完整、科学、可执行的规章制度体系,规章制度体系的相关规定能够覆盖项目执行的所有重要方面,规章制度体系的内容合法、合规。

②管理制度能够得到有效的执行

这指的是项目的执行符合既定的各项相关业务管理规定。

这一目标主要包括以下含义:项目执行各种行为符合法律和管理制度体系的规定,项目计划的安排和调整、项目各个环节文件规范、资料齐全符合管理制度体系的规定,项目人员配备、硬件设施、信息系统建设符合管理制度体系中所要求的标准。

③管理制度能够对项目进度、质量等起到充分的控制作用

这是指预算执行单位对项目进度、质量控制方面安排了必要的措施,能够及时反映项目进度和质量信息,并能够加以调整。

这一目标主要包含以下含义:管理制度体系中包含进度、质量方面的明确规定,具有质量检测标准;预算执行单位严格执行了进度和质量方面的手段,并能够起到控制进度和质量的作用。

(2)财务管理方面

财务管理方面要求有健全的财务管理制度、资金收支符合相关制度安排以及预算资金的收支在严格的制度约束和规定下进行。

①项目财务管理方面的管理制度健全

这是指项目执行的财务管理有着健全的财务制度可以规范财务管理行为,财务制度能够保障项目资金的规范、安全运行。

这一目标主要包含以下含义:项目制定出健全的、能够覆盖全部重要环节的财务管理方法,项目财务管理制度与国家会计制度和会计准则相符合,项目财务管理制度与政府财务管理的规定相符合。

②资金使用符合财务管理制度

资金使用符合财务管理制度指项目资金的收支符合财务管理制度体系,并能确保资金收支的规范、合理。

这一目标主要包含以下含义:项目资金收支符合国家的财经法规、会计制度和政府的资金管理办法,项目资金收支(特别是资金支出)有完整的审批程序和手续,项目资金的各项重大开支论证充分、支出合理,项目资金支出符合预算规定的用途和合同的支出条款,项目资金不存在挤占、挪用、截留和虚列开支等情况。

③预算资金的收支在严格的制度约束和规定下进行

预算资金的收支在严格的制度约束和规定下进行,项目资金的安全性存在必要的监控措施,能够保障项目资金的安全、规范运行。

这一目标主要包含以下含义:健全的管理制度中存在对于资金安全、规范运营的相关规定,这些措施能够保障项目资金的安全、规范运营,相关规定能够被切实有效地执行。

3. 产出

产出是指预算项目最终提供的公共产品及公共服务的数量,产出目标必须在项目立项时明确提出,是判断项目立项合理性的重要参考。产出目标主要包括公共产品及公共服务产出的数量、公共产品及公共服务提供的时间、公共产品及公共服务的质量,以及公共产品及公共服务提供的单位成本。

(1)项目能够提供的公共产品及公共服务的数量

这是指项目执行过程中提供的公共产品及公共服务数量和项目完成能够为全社会提供的公共产品及公共服务的数量。

这一目标主要包含以下含义:项目提供的公共产品及公共服务种类,各个种类的公共产品及公共服务的数量,公共产品及公共服务的受益对象。

(2)公共产品及公共服务提供的时间

这指的是公共产品及公共服务产出的时间因素,公共产品及公共服务能够被提供出来的时间和人民群众受益的时间。

这一目标主要包含以下含义:公共产品及公共服务产出的时间,公共产品及公共服务提供给社会公众的时间,公共产品及公共服务产出在各个时间点的分布。

(3)公共产品及公共服务的质量目标

这指公共产品及公共服务的品质方面,公共产品及公共服务要达到一定的质量标准,并且需要提出所提供全部公共产品和公共服务达到质量标准的比率目标。

这一目标主要包含以下含义:公共产品及公共服务的质量标准,公共产品及公共服务的整体达标率。

(4)公共产品及公共服务的单位成本目标

这指的是公共产品及公共服务的产出成本,这一方面的目标是判断项目资金安排是否合理的一项重要依据。

这一目标主要包含以下含义:公共产品及公共服务提供的单位成本,项目资金中纯管理费用所占比例,项目资金扣除纯管理费用后的单位公共产品及公共服务的直接成本。

4.效果

效果目标是指预算项目的实施对社会的影响,或者说是指预算项目的执行和完成能够对整个社会所起到的作用。预算项目绩效目标大致包括经济效益、社会效益、生态效益、可持续影响以及社会公众或受益对象对项目的满意程度等方面。

(1)项目效果中的经济效益

这指的是项目实施能够对特定区域的经济发展所起到的作用,能够在哪些方面、以何种程度促进经济发展。

这一目标主要包括以下含义:对项目实施影响范围内的经济增长有一定的促进作用,对项目实施影响范围内的居民收入增长有一定的促进作用,对项目实施影响范围内的特定产业发展有一定的促进作用,对项目实施影响范围内的特定居民群体收入增长有一定的促进作用。

(2)项目效果中的社会效益目标

这指的是项目实施对社会事业发展所起到的作用,或者说是指在哪些方面促进了社会进步,促进了精神文明建设。

这一目标主要包括以下含义:对项目实施影响范围内的社会进步有一定的促进作用,对项目实施影响范围内的社会特定方面具有一定的促进作用,对项目实施影响范围内的特定居民群体的素质提升有一定的促进作用,对全社会的某些道德素养起到一定的示范作用等。

(3)项目效果中的生态效益

这指的是项目实施对生态环境的影响,既包括直接影响,也包括间接影响。

包括项目实施对整个生态系统所起到的作用,项目实施对特定生态系统所起到的作用,项目实施直接对生态系统中的某一方面所产生的影响,项目实施间接地对生态系统的各个方面所产生的影响。

(4)项目效果的可持续影响

这指的是项目产生的长期、永久性效果。

这一目标主要包括以下含义:项目能够产生哪些可持续影响,各种可持续影响的存续时间,各种可持续影响分别在多大程度上促进了各项社会事业的发展。

(5)社会公众或受益对象对项目的满意程度目标

这指的是项目能够被绝大多数社会公众接受,能够被绝大多数的受益对象满意。

社会公众或受益对象满意程度目标是衡量项目受益群体主观上的接受程度,这一目标主要包含以下含义:项目能够被所影响到的社会公众、受益群体接受,项目的各项政策意图能够被社会公众、受益群体所接受,实现各项目标所采取的措施能够被社会公众、受益群体所接受。

(二)绩效指标

预算绩效指标是衡量和评价预算支出预期达到的效益、效率、效果以及绩效目标实现程度的工具,是预算绩效目标内容的细化和量化,它与预算绩效目标直接相关,能够突出表现预算绩效目标内容的指标。预算绩效指标能够全面、系统地反映预算绩效目标的内容,主要包括产出指标、效益指标和满意度指标等,绩效指标应与绩效目标对应一致,突出重点,系统全面,便于考核。

1. 产出指标

产出指标是预算绩效目标中关于公共产品及公共服务的产出数量方面的指标,反映预算部门根据既定目标计划完成的产品和服务情况。可以按照产出目标的内容分为数量指标、质量指标、时效指标和成本指标。

(1)数量指标主要反映项目的核心产出及其数量,如推广新技术多少项,受益人群覆盖率、举办培训的班次、培训学员的人次、新增设备数量等。

(2)质量指标主要反映预期提供的公共产品和服务达到的标准、水平和效果,即该项目涉及的管理制度和政策办法提出的项目目标。如森林覆盖率、病虫害控制率、教师培训合格率、验收通过率等。另外,还可反映受益群体政策知晓率,即项目对应的受益群体对政策的了解情况。

(3)时效指标,用以反映预期提供公共产品和服务的及时程度和效率情况。如培训完成时间、研究成果发布时间等。

(4)成本指标,用以反映预期提供公共产品和服务所需成本的控制情况。如人均培训成本、设备购置成本和社会平均成本的比较等。

2.效果指标

效果指标是对预期效果的描述,反映与既定目标相关的、预算支出预期结果的实现程度和影响的指标。它包括经济效益指标、社会效益指标、生态效益指标、可持续影响指标等。

3.满意度指标

满意度指标是反映服务对象或项目受益人认可程度的指标。

(三)绩效标准

绩效标准是指设定绩效指标具体数值时的依据或参考标准,包括历史标准、行业标准、计划标准及其他被认可标准。

1.历史标准

历史标准指同类指标的历史数据等。

2.行业标准

行业标准指国家公布的行业指标数据等。

3.计划标准

计划标准指预先制定的目标、计划、预算、定额等数据。

4.其他被认可标准

其他被认可标准指财政部认可的其他标准。

(四)绩效目标值

总体分为定量绩效目标值和定性绩效目标值。

1.定量绩效目标值

能够用数字表示的目标值称为定量目标值,如政府及事业单位的项目产量、产值、利润、劳动生产率等。定量绩效目标值的具体表现形式有以下几种:

(1)按其性质可分为数量目标值和质量目标值。数量目标值是用来表明目标的广度即数量水平,如产量、预算完成率、结转结余率等;质量目标值是用来表明目标的深度即质量水平,如制度执行有效性、项目立项规范性、绩效目标合理性等。

(2)按目标值的计量单位可分为实物目标值和价值目标值。实物目标值是以实物单位计量的,如实际完成数;价值目标值是以货币单位计量的,如到位资金。

(3)按目标值的计算方法分为绝对数目标值、相对数目标值和平均数目标值。

2. 定性绩效目标值

定性绩效目标值指不能用数字表示的目标值。定性绩效目标值难以量化,给实施和考核带来一定的困难。为了便于评价,对不能量化的目标应尽量具体化、形态化、可衡量和可操作。如服务质量目标,可以用顾客的满意程度(通过调查和统计分析)来反映目标绩效。

三、绩效目标的分类

(一)按预算支出范围及内容分类

按预算支出范围及内容,将绩效目标分为基本支出绩效目标、项目支出绩效目标、部门整体支出绩效目标。

1. 基本支出绩效目标

基本支出绩效目标是指部门基本资金支出在一定期限内所达到的产出和效果。

2. 项目支出绩效目标

项目支出绩效目标是指通过具体项目的实施,在一定期限内预期达到的产出和结果。

3. 部门整体支出绩效目标

部门整体支出绩效目标是指预算部门(单位)按照既定的职责,利用全部财政资金在一定期限内所达到的总体目标,是预算部门(单位)基本支出和项目支出共同作用达到的绩效结果。

(二)绩效目标的时效性分类

按绩效目标的时效性,将绩效目标分为长期绩效目标和年度绩效目标。

1.长期绩效目标

长期绩效目标也称战略目标,反映某项预算支出在跨度多年的存续期内所达到的总体产出和结果,解决的是未来若干年度预算支出的绩效问题。

2.年度绩效目标

年度绩效目标是某项预算支出在一个预算年度内所要达到的产出和结果。

第二节 绩效目标设定

一、绩效目标设定的依据

绩效目标设定的依据如下:

(1)国家相关法律法规和规章制度,国民经济和社会发展规划。
(2)当地政府部门总体发展规划及中长期经济发展重点。
(3)财政部门中期和年度预算管理要求。
(4)部门职能、中长期事业发展规划、年度工作计划或项目规划。
(5)相关历史数据、行业标准、计划标准等。
(6)其他符合财政部门要求的相关依据等。

二、绩效目标设定的要求

(一)指向明确

绩效目标要符合国民经济和社会发展规划、部门职能及事业发展规划,并与相应的财政支出范围、方向、效果紧密相连。

(二)细化量化

绩效目标应当从数量、质量、成本和时效等方面进行细化,尽量进行定量表达,不能以量化形式表达的,可以采用定性的分级分档形式表达。

(三)合理可行

制定绩效目标时要经过调查研究和科学论证,目标要符合客观实际。

(四)相应匹配

绩效目标要与计划期内的任务数或计划数相对应,与预算确定的投资额或资金量相匹配。

三、绩效目标设定的原则

预算绩效目标是预算绩效管理体系健康运行的前提。绩效目标的设定遵循"谁申请资金,谁设定目标"的原则。在这里,我们对目标设定普遍适用的 SMART 原则与 3E 原则进行分析。我国近年来根据实践经验总结了五个绩效目标设定基本原则,分别列举如下。

(一)SMART 原则

SMART 原则是目标制定的基本原则,任何绩效目标的设定都应该符合这个原则。主要包括五个方面的内容。

1. 目标必须是明确的(Specific)

绩效指标要用具体的语言清楚地说明要达成的行为标准。明确的目标几乎是所有成功项目的一致特点,很多项目不成功的重要原因之一就是因为目标定得模棱两可,或没有将目标有效地传达给相关负责人员。目标设置要有项目、衡量标准、达成措施、完成期限以及资源要求,能够很清晰地反映计划要做哪些事情,计划完成到什么样的程度。

2. 目标必须是可衡量的(Measurable)

绩效目标是数量化或者行为化的,验证这些指标的数据或者信息是可以获得的,如果制定的目标没有办法衡量,就无法判断这个目标是否实现。目标的衡量标准遵循"能量化的质化,不能量化的感化",使制定人与审核人有一个统一的、标准的、清晰的、可度量的标尺,杜绝在目标设置中使用形容词等概念模糊、无法衡量的描述。

对于目标的可衡量性,首先,从数量、质量、成本、时间、群众的满意程度五个方面来进行;其次,如果仍不能进行衡量,可考虑将目标细化,细化成分目标后再从以上五个方面衡量;最后,如果仍不能衡量,还可以将完成目标的工作进行流程化,通过流程化使目标可以衡量。

3. 目标必须是可实现的(Attainable)

绩效指标在一定资源投入及付出努力的情况下是可以实现的,是要能够被执行人所接受的,应避免设立过高或过低的目标。

4. 目标必须和其他目标具有相关性(Relevant)

实现的目标要与其他目标紧密相关,如果相关度较低,即使目标达到了意义也不是很大。

5. 目标必须具有明确的截止期限(Time-based)

目标的实现是有时间限制的。目标设置要具有时间限制,根据工作任务的权重、事情的轻重缓急,拟定出完成目标项目的时间要求,定期检查项目的完成进度,及时掌握项目进展的变化情况,以方便对执行者进行及时工作指导,以及根据工作计划的异常情况变化及时调整工作计划。

(二)3E原则

1. 经济性(Economy)

经济性指以最低费用取得一定质量的资源,简单地说就是支出是否节约,主要是成本类指标。

2. 效率性(Efficiency)

效率性指投入和产出的关系,包括是否以最小的投入取得一定的产出,或者以一定的投入取得最大的产出,简单地说就是支出是否讲究效率。

3. 效益性(Effectivencss)

效益性指多大程度上达到政策目标、经营目标和其他预期结果,简单地说就是是否达到目标。

(三)基本原则

根据我国近年来预算绩效目标设定的实践情况,可将预算绩效目标设定的基本原则列举如下:完整性、相关性、适当性、可预算性、可监督性。

1. 完整性

绩效目标的设定应当全面考虑,不能以偏概全。绩效目标应当全面覆盖其投入、过程、产出以及最终效果,同时关注预算资金使用的经济性、效率性和有效性。

2. 相关性

预算绩效目标的设定应当与预算执行项目或预算执行单位相关,是该预算执行所能够达到的目标。相关性要求不能在目标体系中出现无关目标,同时也要避免过大目标。比如,对某一个财政支出项目或某个职能部门的预算绩效目标设定,不能以全社会民众幸福指数作为预算绩效目标。

3. 适当性

绩效目标设定值,应当是预算执行活动在正常运转情况下能够达到的目标。若是目标值设定过高,则容易挫伤预算执行单位的信心和积极性,预算执行单位也难以争取到足够的财政资金来完成目标。相反,预算绩效目标设定值过低,预算执行单位较易达到预算绩效目标,也不利于调动预算执行单位的积极性。绩效目标设定值,应当结合预算执行历史情况,制定合乎现实的预算绩效目标。

4. 可测算性

预算绩效目标的可测算性指绩效目标能够被测算且测算成本较小。绩效目标应有定性目标,也必须有定量目标,绩效目标设定必然关系着绩效评价指标设定。二者的指标获取都需要人力、物力投入,信息的整理和分析也会花费成本。从成本收益角度来看,绩效目标设定不宜过度复杂,且应当尽量避免难以获取或获取成本极大的指标。绩效目标设定是预算绩效管理体系的重要组成部分,推行预算绩效管理体系目的在于提高预算资金使用效率。绩效目标设定若不具备经济性,成本过大,有可能抵消预算绩效管理活动带来的财政资金节约效果。

5. 可监督性

绩效目标包括定性指标与定量指标,二者都必须可被监督。可监督性基于可测算性,只有目标能够被测度,才存在对指标的真实性监督。需要注意的是,指标的可测算性会随着信息化技术的不断进步而发生变化。可能一些过去难以测算的指标会随着时间推移和技术进步能准确测算,这时候可以考虑将这类指标重新引入绩效目标体系当中。绩效目标的可监督性指的是指标获取与测算都能够被检验,并且指标数值的真实性可以被检验。

在绩效目标设定中,采用第三方或社会调查的数据都需要能够被监督和验证。

四、绩效目标设定的方法

(一)KPI法(关键绩效指标法)

KPI(Key Performance Indicators)法把战略目标分解为可操作的工作目标,通过对组织内部流程的输入端、输出端的关键参数进行设置、取样、计算、分析,衡量流程绩效的一种目标式量化管理指标,是把绩效单位的战略目标分解为可操作的工作目标的工具。KPI可以使我们明确绩效评价的主要指标,并以此为基础建立关键指标,KPI法符合二八原理。因此,必须抓住20%的关键指标,对之进行分析和衡量,这样就能抓住绩效评价的重心。

确定关键绩效指标有一个重要的 SMART 原则。SMART 是代表 Specific(绩效考核要切中特定的工作指标,不能笼统)、Measurable(绩效指标是数量化或者行为化的,验证这些绩效指标的数据或者信息是可以获得的)、Attainable(绩效指标在付出努力的情况下是可以实现的,避免设立过高或过低的目标)、Relevant(绩效指标与上级目标具有明确的关联性,最终与公共组织目标相结合)、Timebound(注重完成绩效指标的特定期限)。

(二)AHP法(层次分析法)

AHP(Analytic Hierarchy Process)法是将与决策有关的元素分解成目标、准则、方案等层次,也就是将一个复杂的多目标决策问题作为一个系统,将目标分解为多个目标,进而分解为多指标的若干层次。

1.基本思路

应用AHP法解决问题的具体思路是:第一,把需要解决的问题分层次系列化,根据问题的性质和既定的目标,把问题分解为不同的组成因素,按照因素之间的隶属关系和相互影响将其分层归类组合,形成一个有序的、呈阶梯状的层次结构模型。第二,依据人们对客观现实的判断,对模型中各个层次所有因素的相对重要性给予定量表示,再利用数学方法确定每一层次所有因素相对重要性次序的权重。第三,通过综合计算不同层因素相对重要性的权值,得到最低层相对于最高层的相对重要性次序的组合权值,以此作为评价的依据。

2.AHP法的优点与局限

目前,AHP法已广泛应用于经济计划和管理、能源政策和分配、人才选拔和评价、生产决策、交通运输、科研选题、产业结构、教育、医疗、环境和军事等各个领域,处理的问题类型包括决策、评价、分析和预测等。应该说,AHP法目前已在各个领域得到了广泛应用。应用AHP法的主要优点在于以下几个方面。

(1)系统性。AHP法将对象视作系统,按照分解、比较、判断、综合的思维方式进行决策,成为继机理分析、统计分析之后发展起来的系统分析的重要工具。

(2)实用性。定性与定量相结合,能处理许多用传统最优化技术无法着手的实际问题,应用范围很广。同时,这种方法使得决策者与决策分析者能够相互沟通,决策者甚至可以直接应用它,这就增加了决策的有效性。

(3)简洁性。计算简便,结果明确,具有中等文化程度的人即可以了解层次分析法的基本原理并掌握该法的基本步骤,容易被决策者了解和掌握,便于决策者直接了解和掌握。

AHP法也会存在一些不足之处,主要包括以下两点:

(1)主观性强。从建立层次结构模型到给出成对比较矩阵,人为主观因素对整个过程的影响很大,这就使得结果难以让所有的决策者接受。当然,采取专家群体判断的办法是克服这个缺点的一种途径。

(2)略显粗略。该法中的比较、判断及结果的计算过程都是粗糙的,不适用于精度较高的问题。

(三)Delphi法(德尔菲法)

Delphi法又称专家规定程序调查法,该方法主要是由调查者拟定调查表,按照既定程序,以函件的方式分别向专家组成员进行征询;而专家组成员又以匿名的方式(函件)提交意见。经过几次反复征询和反馈,专家组成员的意见逐步趋于集中,最后获得具有很高准确率的集体判断结果的一种方法。

Delphi法的工作流程大致可以分为四个步骤,在每一步中,组织者与专家都有各自不同的任务。

1. 开放式的首轮调研

(1)由组织者发给专家的第一轮调查表是开放式的,不带任何框框,只提出预测问题,请专家围绕预测问题提出预测事件。因为如果限制太多,会漏掉一些重要事件。

(2)组织者汇总整理专家调查表,归并同类事件,排除次要事件,用准确术语提出一个预测事件一览表,并作为第二步的调查表发给专家。

2. 评价式的第二轮调研

(1)专家对第二步调查表所列的每个事件作出评价。例如,说明事件发生的时间、争论问题和事件或迟或早发生的理由。

(2)组织者统计处理第二步专家意见,整理出第三张调查表。第三张调查表包括事件、事件发生的中位数和上下四分点,以及事件发生时间在四分点外侧的理由。

3. 重审式的第三轮调研

(1)发放第三张调查表,请专家重审争论。

(2)对上下四分点外的对立意见做一个评价。

(3)给出自己新的评价(尤其是在上下四分点外的专家,应重述自己的理由)。

(4)如果修正自己的观点,也应该叙述改变理由。

(5)组织者回收专家的新评论和新争论,与第二步类似地统计中位数和上下四分点。

(6)总结专家观点,形成第四张调查表。其重点在争论双方的意见。

4. 复核式的第四轮调研

(1)发放第四张调查表,专家再次评价和权衡,做出新的预测。是否要求做出新的论证与评价,取决于组织者的要求。

(2)回收第四张调查表,计算每个事件的中位数和上下四分点,归纳总结各种意见的理由以及争论点。

值得注意的是,并不是所有被预测的事件都要经过四步。有的事件可能在第二步就达到统一,而不必在第三步出现;有的事件可能在第四步结束后,专家对各事件的预测也不一定都达到统一。不统一也可以用中位数与上下四分点来做结论。事实上,总会有许多事件的预测结果是不统一的。

(四)主成分分析法

主成分分析也称主分量分析,旨在利用降维的思想,把多指标转化为少数几个综合指标。在实际问题研究中,为了全面、系统地分析问题,我们必须考虑众多影响因素。这些涉及的因素一般称为指标,在多元统计分析中也称为变量。因为每个变量都在不同程度上反映了所研究问题的某些信息,并且指标之间彼此有一定的相关性,因而所得到的统计数据反映的信息在一定程度上有重叠。在用统计方法研究多变量问题时,变量太多会增加计算量和增加分析问题的复杂性,人们希望在进行定量分析的过程中,涉及的变量较少,得到的信息量较多。主要方法有特征值分解、奇异值分解(SVD)、非负矩阵分解(NMF)等。

1. 主成分分析法的优点

(1)可消除评价指标之间的相互影响。原因是主成分分析法在对原指标变量进行变换后,形成了彼此相互独立的主成分,且实践证明,指标间相关程度越高,主成分分析效果越好。

(2)化繁为简,化多为精。当指标较多时,主成分分析法可以在保留绝大部分信息的情况下,用少数几个综合指标代替原指标进行分析。又由于主成分分析法中各主成分按方差大小依次排序,在分析问题时,可只取前后方差较大的几个主成分来代表原变量,从而减少工作量。

2. 主成分分析法的主要缺陷

(1)在主成分分析中,首先,需要保证所提取的前几个主成分的累计贡献率达到一个较高水平;其次,对这些被提取的主成分必须能够给出符合实际背景和意义的解释,否则主成分将空有信息量而无实际意义。

(2)主成分的解释含义一般带有模糊性,无法达到原始变量含义的清楚与确切,这是变量降维过程中必须付出的代价。因此,提取的主成分个数通常应明显小于原始变量个数,否则降维的"利"可能抵不过"弊"。

五、绩效目标设定的程序

(一)基层单位设定绩效目标

申请预算资金的基层单位按照要求设定绩效目标,随同本单位预算提交上级单位；根据上级单位审核意见，对绩效目标进行修改完善，按程序逐级上报。

(二)预算部门设定绩效目标

预算部门按要求设定本级部门（系统）支出绩效目标，审核、汇总所属单位绩效目标，提交同级财政部门；根据财政部门审核意见对绩效目标进行修改完善，随同年度预算，按程序提交财政部门。

第三节　绩效目标批复

一、绩效目标批复

财政预算经各级人民代表大会批准后，财政部门和预算部门在批复预算时，一并批复绩效目标。批复的绩效目标应当清晰、量化，以便在预算执行过程中进行绩效监控和预算完成后实施绩效评价时对照比较。

二、绩效目标的调整

在项目实施过程中，由于客观环境的变化，或项目意图改变等，对原目标修改，需上报预算部门重新批复。经全国人民代表大会批准的中央预算和经地方各级人民代表大会批准的地方各级预算，在执行中出现下列情况之一的，应当进行预算调整：

(1)需要增加或者减少预算总支出的。

(2)需要调入预算稳定调节基金的。

(3)需要调减预算安排的重点支出数额的。

(4)需要增加举借债务数额的。

在预算执行中，各级政府一般不制定新的增加财政收入或者支出的政策和措施，也不制定减少财政收入的政策和措施；必须做出并需要进行预算调整的，应当在预算调整方案中做出安排。

在预算执行中,各级政府对于必须进行的预算调整,应当编制预算调整方案。预算调整方案应当说明预算调整的理由、项目和数额;由于发生自然灾害等突发事件,必须及时增加预算支出的,应当先动支预备费;预备费不足支出的,各级政府可以先安排支出,属于预算调整的,列入预算调整方案。

三、绩效目标批复的程序

(一)财政部门批复

财政部门对预算绩效目标进行批复,并与预算执行单位接收的"二下"预算正式批复结果共同下达。财政部门的预算绩效目标批复包括批复说明、单位进一步细化预算绩效目标和预算绩效实施等方面提出基本要求。

(二)预算执行单位批复

预算执行单位参考财政部门的批复意见,结合批复情况,将细化后的预算绩效目标批复给项目实施者。

(三)绩效目标调整

在预算执行过程中有需要对预算进行调整的,此时预算绩效目标可能也需要发生相应调整。预算绩效目标调整是指在项目实施中由于客观环境的变化或项目意图发生改变等情况下,对原有绩效目标提出修改。预算绩效目标一经确定,一般不予修改;确实需要修改时,需要重新上报预算管理部门,对修改后的预算绩效目标重新履行批复手续。

第四节 预算绩效目标的设计要求

绩效目标是预算执行所期望的结果,是在预算方案提出时对未来总体成效的期望。它包括预算执行的资金投入、运行规范、物质产出和成效。绩效目标既是整个预算绩效管理体系运行的前提,又引领整个预算绩效管理体系全过程。科学的绩效预算目标体系对推行预算绩效管理体系有着重要的基础性和推动性作用。缺少科学的绩效目标体系,预算绩效管理体系在运行中总会背离或不能达到既定绩效目标,使绩效目标丧失对预算绩效管理活动的导向性作用。

一、预算绩效目标设计的原则

预算绩效目标是预算绩效管理体系健康运行的前提,在实践中部门需要根据不同的财政支出类型设定不同的绩效目标,因此预算绩效目标的设定需要有一定之规,规定预算绩效目标设定的基本原则有利于为未来分行业预算绩效目标的设定奠定基础,发挥引领作用。根据我国近年来预算绩效目标设定的实践情况,可将预算绩效目标设定的基本原则列举如下:完整性、相关性、适当性、可测算性、可监督性。

(一)完整性

预算绩效目标的设定应当全面考虑,不能以偏概全。预算绩效目标应当全面覆盖其投入、运行、产出以及最终效果。覆盖运行全过程的预算绩效目标能够自始至终地指导预算执行活动,实现预算绩效管理的目的。此外,绩效目标的设定也应当同时关注预算资金使用的经济性、效率性和有效性。如果在预算目标设定中,仅设置了经济性指标和效率性指标,则很难保证财政资金的花费实现其最初目的。倘若仅注重经济性指标,则更有可能导致财政资金错配和使用的低效率。

(二)相关性

预算绩效目标的设定应当与预算执行项目或预算执行单位相关,是该预算执行所能够达到的目标。例如,不能够将农业产出结果设定为交通管理部门的预算绩效目标。相关性要求不能在目标体系中出现无关目标,同时也要避免过大目标。例如,政府各项预算支出最终目标都是提供公共产品及公共服务,并以此促进整个社会的福利。但是,对某一个财政支出项目或某个职能部门的预算绩效目标设定,不能以全社会民众幸福指数作为预算绩效目标。以交通部门财政支出项目为例,尽管某地交通发展状况与民众幸福指数有关,但是影响当地居民幸福指数的因素很多,以居民幸福指数作为预算绩效目标,不能体现出该部门或项目的预算执行效果,也不能对预算执行产生导向作用。

(三)适当性

绩效目标设定值,应当是预算执行活动在正常运转情况下能够达到的目标。若是目标值设定过高,则容易挫伤预算执行单位的信心和积极性,预算执行单位也难以争取到足够的财政资金来完成目标。相反,预算绩效目标设定值过低,预算执行单位较易达到预算绩效目标,也不利于调动预算执行单位的积极性。绩效目标设定值,应当结合预算执行历史情况,合乎现实的预算绩效目标。

(四)可测算性

预算绩效目标的可测算性指绩效目标能够被测算且测算成本较小。绩效目标应有定性目标,也必须有定量指标。预算绩效目标要在表述上准确、无歧义。预算执行单位和预算绩效审核单位都对预算绩效目标有着准确理解,且两者之间理解不存在差别。定性指标与定量指标都必须意思清晰,无歧义。此外,绩效目标设定必然关系到绩效评价指标设定。两者的指标获取都需要人力、物力的投入,信息的整理和分析也会花费成本。从成本收益角度来看,绩效目标设定不宜过度复杂,且应当尽量避免难以获取或获取成本极大的指标。绩效目标设定是预算绩效管理体系的重要组成部分,推行预算绩效管理体系,目的在于提高预算资金使用效率。绩效目标设定若不具备经济性,成本过大,有可能抵消预算绩效管理活动带来的财政资金节约效果。

(五)可监督性

绩效目标包括定性指标与定量指标,两者都必须可被监督。可监督性基于可测算性,只有目标能够被测度,才存在对指标真实性的监督。需要注意的是,指标的可测算性会随着信息化技术的不断进步而发生变化。

可能一些过去难以测算的指标会随着时间推移和技术进步能够准确测算,这时候可以考虑将这类指标重新引入绩效目标体系当中。绩效目标的可监督性指的是指标获取与测算都能够被检验,并且指标数值的真实性可以被检验。绩效目标设定中,采用第三方或社会调查的数据都应该能够被监督和验证。

二、绩效目标编制的依据

预算部门在编制绩效目标时,主要参考以下依据:国家相关法律法规;国民经济和社会发展规划;部门职能及中长期事业发展规划;部门的年度工作计划或项目规划;财政部门年度预算编制要求;部门预期可获得的预算资金规模;相关历史数据、行业标准;其他符合财政部门要求的相关依据等。

三、绩效目标的编制方法

绩效目标编制必须遵循一定的方法,这样可以保证绩效目标能够全面、系统、合理。下面以项目支出绩效目标编制和部门整体支出绩效目标编制为例,简要说明绩效目标的编制方法。

(一)项目支出绩效目标的编制

一是梳理项目支出的主要功能,包括项目资金性质、预算投入额度、项目支出范围、项目支出目的、项目受益对象等。二是以项目支出主要功能为依据,对项目支出在特定时间段内的公共产品及公共服务的产出进行预估,还需要对项目支出能够产生什么样的效果进行预估。产出及效果的预估需要通过定性指标与定量指标加以描述。三是项目支出预算绩效目标的细化分解,总体目标还需要进一步细化分解,确定能够反映总体目标的各个分项细化指标,以此构建绩效目标体系。四是确定绩效评价标准,绩效评价标准是在绩效评价阶段检验是否达到财政支出项目预期绩效目标的依据。绩效评价标准主要来源于历史均值、基期数据、增长趋势、类似项目相关成果、以往经验等,绩效评价标准也应当反过来成为绩效目标制定的依据。

(二)部门整体支出绩效目标的编制

一是梳理部门职能,对一定期限内的各项具体工作提出明确目标。二是结合国家战略规划、部门战略规划、产业规划等与本部门相关的条款,对部门年度绩效目标进行调整,将战略规划细化分解至各年度的部门绩效目标体系中。三是细化部门年度总体绩效目标,设定各项工作目标并将其转化为可量化的关键性指标。部门预算绩效目标体系同样应当涵盖产出层面和效果层面的目标。四是确定绩效评价标准。

第五节 预算绩效目标的主要内容

预算绩效目标的主要内容应当包含预期产出、预期效果、服务对象或项目受益人满意程度、达到预期目标所应当投入的资源等。一是预期产出,是指预算执行能够产出公共产品或提供公共服务的数量;二是预期效果,是指经济效益、社会效益、环境效益和可持续影响等;三是服务对象或项目受益人满意程度,是指受益人在主观上对预算使用情况及产生效果的认可;四是达到预期目标所应当投入的资源,指的是需要动用的财政资金以及需要介入的机构人员状况。绩效目标还应当包含衡量预期产出、预期效果和服务对象满意程度的指标。

一、预算绩效目标的内容

总体上,预算绩效目标包含投入、运行、产出和成效四个方面的内容,这四个方面贯穿预算项目的各个环节。投入方面主要是指资金安排;运行方面主要是指资金使用的合法、合规情况;产出层面主要是指公共产品及公共服务的产出范围、种类以及数量;成效层面则主要是指预算资金支出对于社会层面的影响。

(一)投入

投入方面的目标主要是指项目立项方面的目标和资金安排方面的目标。

首先,项目立项要求合乎规范、立项合理、项目预期目标客观明确。一是项目立项合乎规范,主要是指项目申请、批准设立合乎现有规定,整个审核程序合法有效。这一目标包含以下含义:项目申请过程符合规定程序;项目申请所提交的各种文件达到相关标准;项目立项依据充分可靠,事前已经过充分且必要的可行性论证等。二是立项合理,是指项目的设定能够实现一定的目标,项目合乎国家法律法规和项目执行部门的战略目标。项目立项合理这一目标主要包含以下含义:预算项目的设立符合相关法律规定,并与政府执政目标相适应;项目与预算执行单位的职责密切相关,有助于预算执行单位实现其行政管理任务和战略目标;项目是预算执行单位履行相关行政职能和实现部门战略目标所必需的;项目的预期产出和效益与其付出的成本大致相当,与正常的项目执行效果相当。三是项目预期目标客观明确,是指项目的最终目标是清晰的、可衡量的。这些目标能够成为最终评价项目运行成果的依据。项目预期目标客观明确这一绩效目标主要包含以下含义:预算绩效目标已经经过充分细化,分解成为多个具体的目标;项目各项具体目标都有清晰的、可衡量的指标来加以体现;项目各项具体目标与部门职责和年度计划相匹配;项目资金与预算安排的投资额度相当。

其次,资金安排方面要确保项目资金足额到位、及时到位并兼顾项目资金的效率和节约。一是项目资金到位率,是指实际到位资金达到了计划安排的资金,能够保障项目整体的顺利进行和任务的最终完成。项目资金到位率目标主要包括以下含义:项目资金实际到位总量与计划投入量相匹配;项目资金实际到位总量与完成项目所需要的资金量相匹配。二是项目资金到位及时率,是指资金能够按照项目所需及时到位,来满足项目支付需求。项目资金到位及时率目标主要包含以下含义:项目资金实际到位满足项目资金支出进度的要求;项目资金实际到位情况符合预算安排中的资金到位时间安排。三是项目资金使用兼顾效率和节约,指的是项目投入涉及财政资金的分配,必须以有限的财政资金尽可能地多提供公共产品及公共服务,在保障实现必要绩效目标的同时节约使用财政资金。项目资金使用兼顾效率和节约,主要具有以下含义:项目资金安排有充分依据;项目资金能够保证项目的顺利实施;项目资金安排科学严谨,不存在过量资金安排;项目资金管理制度详细健全,确保项目资金的科学合理使用。

(二)运行

运行层面主要涉及项目业务管理和财务管理两个方面的目标。

首先,项目业务管理方面要求有健全的管理制度、管理制度能够得到有效执行以及管理制度能够对项目进度、质量等起到充分的控制作用。一是业务管理方面的管理制度健全,是指预算项目的进行有完整的制度体系,能够保障项目顺利实施。整个管理制度应当能够规范项目实施行为,反映项目实施中的各种行为。业务管理方面管理制度健全这一目标主要包含以下含义:项目有着完整、科学、可执行的规章制度体系;规章制度体系的相关规定能够覆盖项目执行的所有重要方面;规章制度体系的内容合法、合规。二是管理制度能够得到有效的执行,这一目标指的是项目的执行符合既定的各项相关业务管理规定。这一目标主要包括以下含义:项目执行各种行为符合法律和管理制度体系的规定;项目的计划安排和调整符合管理制度体系的规定;项目的各个环节文件规范、资料齐全符合管理制度体系的规定;项目的人员配备、硬件设施、信息系统建设符合管理制度体系中所要求的标准。三是管理制度能够对项目进度、质量等起到充分的控制作用,这是指预算执行单位是否对项目进度、质量控制方面安排了必要的措施,能够及时反映项目进度和质量信息,并能够加以调整。管理制度能够对项目进度和质量起到充分控制作用,主要包括以下含义:管理制度体系中包含进度、质量方面的明确规定,存在质量检测标准;预算执行单位严格执行了进度和质量方面的手段,并能够起到控制进度和质量的作用。

其次,财务管理方面要求有健全的财务管理制度、资金收支符合相关制度安排以及预算资金的收支在严格的制度约束和规定下进行。一是项目财务管理方面的管理制度健全,这是指项目执行的财务管理有着健全的财务制度可以规范财务管理行为,财务制度能够保障项目资金的规范、安全运行。项目财务管理方面的管理制度健全这一目标主要包括以下含义:为项目制定健全的、能够覆盖全部重要环节的财务管理方法;项目财务管理制度与国家会计制度和会计准则相符合;项目财务管理制度与政府财务管理的规定相符合。二是资金使用符合财务管理制度,这是指项目资金的收支符合财务管理制度体系,并能确保资金收支的规范、合理。资金使用符合财务管理制度体系这一目标主要包括以下含义:项目资金收支符合国家的财经法规、会计制度和政府的资金管理办法;项目资金收支(特别是资金支出)有完整的审批程序和手续;项目资金的各项重大开支论证充分、支出合理;项目资金支出符合预算规定的用途和合同的支出条款;项目资金不存在挤占、挪用、截留和虚列开支等情况。三是预算资金的收支在严格制度约束和规定下进行,这是指项目资金的安全性存在必要的监控措施,能够保障项目资金的安全、规范运行。这一目标主要包含以下含义:健全的管理制度中存在对于资金安全、规范运营的相关规定;这些措施能够保障项目资金的安全、规范运营;相关规定能够被切实有效地执行。

(三)产出

产出是指预算项目最终提供的公共产品及公共服务的数量,产出目标必须在项目立项时明确提出,这是判断项目立项合理性的重要参考。产出目标主要包括公共产品及公共服务产出的数量、公共产品及公共服务提供的时间、公共产品及公共服务的质量以及公共产品及公共服务提供的单位成本。一是项目能够提供的公共产品及公共服务的数量,这是指项目执行过程中提供的公共产品及公共服务数量和项目完成能够为全社会提供的公共产品及公共服务的数量。项目能够提供的公共产品及公共服务目标主要包括以下含义：项目提供的公共产品及公共服务种类；各个种类的公共产品及公共服务的数量；公共产品及公共服务的受益对象。二是公共产品及公共服务提供的时间，是指公共产品及公共服务产出的时间因素，公共产品及公共服务能够被提供出来的时间和人民群众受益的时间。公共产品及公共服务提供实际的目标主要包括以下含义：公共产品及公共服务产出的时间；公共产品及公共服务提供给社会公众的时间；公共产品及公共服务产出在各个时间点的分布。三是公共产品及公共服务的质量目标，是指公共产品及公共服务的品质方面，公共产品及公共服务要达到一定的质量标准，并且需要提出所提供全部公共产品和公共服务能达到质量标准的比率目标。公共产品及公共服务的质量目标主要包括以下含义：公共产品及公共服务的质量标准；公共产品及公共服务的整体达标率。四是公共产品及公共服务的单位成本目标，这是指公共产品及公共服务的产出成本，这方面的目标是判断项目资金安排是否合理的一项重要依据。公共产品及公共服务提供的单位成本目标主要包括以下含义：公共产品及公共服务提供的单位成本；项目资金中纯管理费用所占比例；项目资金扣除纯管理费用后的单位公共产品及公共服务的直接成本。

（四）成效

成效目标是指预算项目对社会的影响，或者说是指预算项目的执行和完成能够对整个社会所起到的作用。预算项目绩效目标大致包括经济效益、社会效益、生态效益、可持续影响，以及社会公众或受益对象对项目的满意程度等方面。一是项目成效中的经济效益，是指项目实施能够对特定区域的经济发展所起到的作用，能够在哪些方面、以何种程度促进经济发展。经济效益方面的目标主要包括：对项目实施影响范围内的经济增长有一定的促进作用；对项目实施影响范围内的居民收入增长有一定的促进作用;对项目实施影响范围内的特定产业发展有一定促进作用;对项目实施影响范围内的特定居民群体的收入增长有一定促进作用。二是项目成效中的社会效益目标,是指项目实施对社会事业发展所起到的作用,或者说是指在哪些方面促进了社会进步,促进了精神文明建设。社会效益目标主要包括以下含义:对项目实施影响范围内的社会进步有一定促进作用;对项目实施影响范围内的社会特定方面具有一定促进作用;对项目实施影响范围内的特定居民群体的素质提升有一定促进作用;对全社会的某些道德素养起到一定的示范作用等。三是项目效益中的生态效益,是指项目实施对生态环境的影响,既包括直接影响,也包括间接影响。生态效益目标主要包含以下含义:项目实施对整个生态系统所起到的作用;项目实施对特定生态系统所起到的作用;项目实施直接对生态系统中的某一方面所产生的影响;项目实施间接地对生态系统的各个方面所产生的影响。四是项目效益的可持续影响,是指项目产生的长期、永久性效果。项目的可持续影响主要包含以下含义:项目能够产生哪些可持续影响;各种可持续影响的存续时间;各种可持续影响分别在多大程度上促进了各项社会事业的发展。五是社会公众或受益对象对项目的满意程度目标,是指项目能够被绝大多数社会公众接受,能够让绝大多数的受益对象满意。社会公众或受益对象满意程度目标是衡量项目被居民主观上的接受程度的重要参考,这一目标主要具有以下含义:项目能够被所影响到的社会公众、受益群体所接受;项目的各项政策意图能够被社会公众、受益群体所接受;实现项目各项目标所采取的措施能够被社会公众、受益群体所接受。

二、预算绩效指标的主要内容

预算绩效指标是预算绩效目标内容的细化和量化。预算绩效指标是与预算绩效目标直接相关,能够突出表现预算绩效目标内容的指标。预算绩效指标需要能够全面、系统地反映预算绩效目标的内容,可以分为产出指标以及成效指标。一是产出指标,是指预算绩效目标中关于公共产品及公共服务的产出数量方面的指标,可以按照产出目标的内容分为数量指标、质量指标、时效指标和成本指标。数量指标是指预算项目能够提供的公共产品及公共服务的数量;时效指标是指预算项目公共产品及公共服务提供及时、准时等方面的指标;质量指标是指质量目标中具体遵照的标准、公共产品及公共服务的水平以及整体达标率;成本指标反映预算项目提供公共产品及公共服务所花费的成本方面的信息。二是成效指标,是指预算绩效目标内容中成效方面的细化,根据预算目标内容可以将预算成效指标划分为经济效益指标、社会效益指标、生态效益指标、可持续影响指标、社会公众及受益群体满意程度等指标。经济效益指标能够体现项目对经济发展各个方面的影响情况;社会效益指标能够反映项目对社会发展各个方面的影响情况;生态效益指标能够反映项目对自然环境和生态系统各个方面的影响;可持续影响指标能够反映项目产生的各种影响的可持续期限等;社会公众和受益群体满意度指标能够反映项目为社会所接受的程度。

三、预算绩效目标的主要分类

除了按照预算执行各个环节将绩效目标分为投入方面的目标、运行方面的目标、产出方面的目标和成效方面的目标外,还可以将绩效目标按照其他分类方法进行分类。例如,按照预算支出的范围和内容,可以将预算绩效目标分为基本支出绩效目标、项目支出绩效目标和部门整体支出目标;按照绩效目标影响的时效性,可分为长期绩效目标和年度绩效目标。

(一)基本支出绩效目标、项目支出绩效目标和部门整体绩效目标

基本支出绩效目标主要强调财政资金安排对本部门完成基本行政管理任务所必需的财力保障,主要是维持行政机关的正常运转。基本支出

绩效目标一般纳入部门绩效目标统筹考虑。项目支出绩效目标根据具体项目情况的不同有其特定的产出目标和效益目标。项目支出的绩效目标同样与部门整体绩效目标息息相关。在设定绩效目标时，要与部门整体的职责、事业发展安排、战略规划相适应，统一于部门整体绩效目标。部门整体支出绩效目标是部门按照其职责、运用一定的财政资金在一定时期内所期望实现的目标。部门整体支出绩效目标是对部门基本支出绩效目标和项目支出绩效目标的统一考量，是基本支出绩效和项目支出绩效所共同达到的效果测定。

(二)长期绩效目标和年度绩效目标

长期绩效目标即我们通常所说的战略目标，主要反映某项预算支出在多年的存续期内达到的总体目标，包括其总体产出和所起到的效果。长期绩效目标主要反映某项支出在多年或者未来若干年的绩效。年度绩效目标主要反映项目在某个财政年度的产出以及所达到的效果，注重年度管理。年度绩效目标可被视为长期绩效目标的分段目标，是实现长期绩效目标的保障手段之一。长期绩效目标与年度绩效目标之间的关系密不可分，长期绩效目标应当分解为年度绩效目标，各个年度绩效目标的实现便是长期绩效目标一步步实现的过程；而年度绩效目标的制定也应当与支出的长期绩效目标相适应，需要对长期绩效目标的实现有推动作用。

第六节 预算绩效目标的审核

一、绩效目标审核的概念

预算绩效目标审核是指财政部门或预算部门对项目立项时所报送的各个预算绩效目标进行审核并反馈审核意见，预算单位根据财政部门反馈的审核意见对预算绩效目标进行调整。

二、绩效目标审核的依据

财政部门对预算单位提出的绩效目标进行审核,其主要依据包括以下几个方面。

(一)国家相关法律法规

国家相关法律法规既包括与财政预算制度有关的《预算法》等相关法律法规,也包括与部门具体项目相关的国家法律法规。

(二)国家经济和社会发展政策及其规划

这主要指国家中长期战略规划和政府年度经济工作重点。国家中长期战略规划主要指各个"五年规划"。政府年度经济工作重点提出年度政府经济工作基调的主要着力点,中央经济工作会议是传递年度经济工作重点等信息的重要渠道。

(三)部门职能及事业发展规划

这主要指预算单位在政府序列中被赋予的具体职能,以及依据其具体职能制定的相关行业的发展规划目标。预算单位的绩效目标应当围绕本部门职能以及事业发展规划而制定。

(四)预算单位当年的重点工作安排

这主要指预算单位根据本部门的中长期战略规划制定出来的部门年度工作规划。部门年度重点工作,是部门年度工作的主线。绩效目标要符合这一工作主线,有助于部门年度重点工作的开展和部门年度目标的实现。

(五)当年预算支出的结构和重点方向

这主要指全部财政资金支出的结构安排以及年度财政资金安排的重点支出项目。财政部门对预算单位的绩效目标进行审核时,要结合年度财政支出规划,引导各个预算单位的绩效目标与年度预算支出的结构和重点方向一致。

(六)当年预算资金的预计安排情况

这主要是指根据财政资金管理的需要,结合本级政府财力状况能够动员使用的财政资金状况。财政部门审核预算单位的预算目标必须考虑到本级政府的财力状况,以及既有财力状况下的资金安排状况。

三、绩效目标审核的内容

绩效目标审核的内容包括目标完整性审核、相关性审核、适当性审核、可预测性审核、可监控性审核。

(一)完整性审核

完整性审核主要指预算单位的绩效目标应当包括投入、过程、产出和效果方面的内容。绩效目标在包括年度效益的同时,还要包括中长期效益,预算单位要综合反映部门整体预算绩效目标。产出和效果方面的绩效目标是资金投入的成果,是衡量财政资金投入是否合理的标准,应当成为财政部门审核的要点。而过程层面的绩效目标则是产出和效果顺利实现的保障。

(二)相关性审核

相关性审核主要是指预算单位提出的预算绩效目标是否与本单位的主要职责相关,是否与本单位中长期战略规划有关,是否与本单位的年度重点工作相关。预算单位的绩效目标若不能证明与以上几点密切相关,则不能说明项目立项的合理性。

(三)适当性审核

适当性审核主要是指绩效目标的设定是否正常合理,既不能提出过高的绩效目标,也不能提出过低的绩效目标。财政部门对绩效目标适当性的审核,相当于对预算单位项目产出和效果的约束。

(四)可行性审核

绩效目标是否经过充分论证和合理测算;所采取的措施是否切实可

行,并能确保绩效目标如期实现;综合考虑成本效益,是否有必要安排财政资金。

四、预算绩效目标的审核要点

财政部门对预算单位提出的绩效目标进行审核时,要重点关注预算绩效目标的完整性、相关性、适当性、可测算性和可监控性。一是对完整性进行审核,主要是指预算单位的绩效目标应当包括投入、运行、产出和成效方面的内容。绩效目标在包括年度效益的同时,还要包括中长期效益,预算单位要综合反映部门整体预算绩效目标。产出和成效方面的绩效目标是资金投入的成果,是衡量财政资金投入是否合理的标准,应当成为财政部门审核的要点。而运行层面的绩效目标则是产出和成效顺利实现的保障。二是对相关性进行审核,主要是指预算单位提出的预算绩效目标是否与本单位的主要职责相关,是否与本单位中长期战略规划有关,是否与本单位的年度重点工作相关。预算单位的绩效目标若不能证明与以上几点密切相关,则不能说明项目立项的合理性。三是对适当性的审核,主要是指绩效目标的设定是否正常合理,既不能提出过高的绩效目标,也不能提出过低的绩效目标。财政部门对绩效目标适当性的审核,相当于对预算单位项目产出和成效的约束,避免其工作中的浮夸风或者工作散漫。四是对可测算性进行审核,主要是指预算绩效目标的设定要表述准确、无异议,且能够准确衡量。财政部门对可测算性进行审核,主要是为了确保预算单位提出的绩效目标能够成为绩效评价指标的评价标的,能够符合整个预算绩效管理活动程序的要求。五是对可监控性进行审核,是指预算绩效目标在投入、运行、产出和成效方面都能够被监控,能够及时发现问题并采取相关措施。若预算绩效目标无法被监控,那么预算单位在项目运行方面的违规行为就不能够被发现和更正,也就无法保障项目绩效目标的顺利实现。

五、预算绩效目标的审核方式

预算绩效目标审核由财政部门执行,审核方式一般分为财政部门自行审核和第三方审核。

财政部门自行审核,是指财政部门的相关工作人员对预算单位的绩效目标进行审核,并出具审核意见。对预算单位绩效目标的审核往往与对预算单位的预算审核一同进行,将对预算的审核和对预算绩效目标的审核结合起来。第三方审核,主要针对特别重大、受到社会广泛关注的项目。这些项目往往对经济社会发展或民生方面有着重大影响,通过第三方对绩效目标审核能够充分吸收社会各界人士对绩效目标的意见,提高社会公众和受益群体对项目的满意程度。除了以上两种绩效目标审核方式外,预算单位往往会对绩效目标进行自审核。预算单位自审核可以提高预算绩效目标的合理性和预算编制的科学性。预算单位往往会在部门预算"一上"时,提出部门绩效目标体系。随后,预算单位根据"一下"的情况,来开展自审核,调整相关预算安排和绩效目标。也有部分地方的绩效目标自审核是在"二下"时进行的。

财政部门作为财政资金的主要管理部门,有义务对预算单位的预算草案和预算绩效目标作出审核。财政部门可以依法对预算单位的绩效目标进行管理、监督、检查。当前的绩效目标管理活动也主要是由财政部门发挥主导作用,主要表现为各级财政部门不断推出绩效管理工作的各项工作方法,各级财政部门不断完善绩效管理工作的指标体系,财政部门不断推进预算绩效管理工作所需的财政信息系统建设。

第三方审核也称为专家审核,审核人员由相关部门人员、专家学者、中介机构(会计师事务所、律师事务所等)以及部分社会公众代表组成。第三方审核的审核人员往往与被审核预算单位和预算项目无直接利益关系,并且不存在行政管辖关系,更能够保证审核的公正性、客观性。第三方审核由于群众基础广泛,在吸收了其审核意见后作出的绩效目标,更能够为社会公众所接受,增加了社会公众满意程度。第三方审核往往具有更高的透明度,可以增加项目的透明性,从而更容易为社会公众所接受。

六、绩效目标审核结果

根据财政部关于印发《中央部门预算绩效目标管理办法》的通知(财预〔2015〕88号),将项目支出绩效目标审核结果分为"优""良""中""差"四个等级,作为项目预算安排的重要参考因素。

审核结果为"优"的,直接进入下一步预算安排流程;审核结果为"良"的,可与相关部门或单位进行协商,直接对其绩效目标进行完善后,进入下一步预算安排流程;审核结果为"中"的,由相关部门或单位对其绩效目标进行修改完善,按程序重新报送审核;审核结果为"差"的,不得进入下一步预算安排流程。

七、绩效目标审核程序

(一)预算部门及其所属单位审核

预算部门及其所属单位对下级单位报送的绩效目标进行审核,提出审核意见并反馈给下级单位。下级单位根据审核意见对相关绩效目标进行修改完善,重新提交上级单位审核,审核通过后按程序报送财政部门。

(二)财政部门审核

财政部门对预算部门报送的绩效目标进行审核,提出审核意见并反馈给预算部门。预算部门根据财政部门审核意见对相关绩效目标进行修改完善,重新报送财政部门审核。财政部门根据绩效目标审核情况提出预算安排意见,报人大同意后,随预算资金一并下达预算部门。

八、预算绩效目标审核的第三方组织建设

新公共管理理论要求预算绩效目标审核以及绩效评价主体多元化。多元化的主体能够保障预算绩效目标审核以及预算绩效评价的客观性、

有效性、准确性和权威性。第三方组织可以凭借其专业优势,成为预算绩效管理活动中的重要参与者。

(一)第三方组织的产生和发展

一般来说第三方组织存在三种形式:一是非政府组织,非政府组织既不同于政府也不同于企业。二是非营利组织,非营利组织的突出特点便是不追求经济利益,而是为了追求社会公平正义和某些方面的人类发展自发形成的组织,如学校、环保组织、志愿者组织、慈善组织等。三是中介组织,中介组织依据一定的法律法规成立,提供特定的服务并收取费用,如会计师事务所、律师事务所等。随着绩效预算在西方的发展,与绩效预算管理有关的第三方组织也得到了充分发展。第三方组织成为西方政府绩效管理活动的重要参与方。

(二)第三方组织的特点

总的来说,第三方组织具有以下特点:第一,多样性。第三方组织数量非常多、类型多种多样,组织本身的目标宗旨各不相同,不同类型的组织对政府进行不同方面的绩效评价,其评价指标也各不相同,从而使得评价活动具有多角度、多样性。第二,独立性。这是第三方组织最为显著的特点。第三方组织不是隶属政府的附属机构,资金源于民间,其合法运作不受政府的干预。简而言之,第三方组织来自民间、面向民间、服务民间。同时,第三方组织自律性很强,为提高评价结果的可信性,注意保持与被评价对象的距离。因此,第三方组织在政府绩效评价开展过程中,不会受到政府的政治压力,也不需要掩饰政府的错误,能够避开利益因素的干扰,更加自主地、客观地开展政府的评价活动,从而保证评价活动的公平、公正和客观性。第三,专业性。由专家、学者、专业人员组成的第三方组织具有人才和专业上的优势,技术力量雄厚,在评价方法的确定、评价指标的设计、评价数据的处理等方面有专业化技术,特别是一些研究机构和学术团体,在政府绩效评价的理论和方法等方面更具有专业优势,使评价活动更具专业性和可信性。第四,民间性。第三方组织来自民间,与社会公众保持着紧密的联系,关注公众的满意度,并通过评价活动向政府反映民众的心声。公众满意度调查是西方第三方组织评价的一项重要内容,如加拿大通信公司开展的民意调查,被调查的民众根据自己的实际感受对经济管理、卫生保健、教育、就业、国防和安全保护等12个方面作出满意度评价。在第三方组织评价活动中,基于民众满意度的调查问卷,公众参与程度非常高。评价能更好地反映真实绩效,评价结果受到政府和公众的普遍重视和支持。

(三)我国第三方组织参与预算绩效目标审核现状

根据第三方组织与政府部门的关系,可以将预算绩效第三方评价分为委托第三方评价和独立第三方评价,委托第三方评价模式和独立第三方评价模式,都属于外部绩效评价,其评价结果更易被社会公众信服。我国首家民间第三方预算绩效评价组织是2004年设立的兰州大学中国地方政府绩效评价中心,该中心曾于2004年和2006年对甘肃省政府部门进行过绩效评价活动,兰州大学中国地方政府绩效评价中心对甘肃省政府部门的评价活动是在甘肃省政府的委托下进行的,属于典型的委托第三方绩效评价模式。独立第三方评价模式则是指第三方评价机构并不受被评价方的委托进行的绩效评价活动,其典型代表是华南理工大学课题组对广东省地方政府的整体绩效评价。

外部绩效评价模式是预算绩效评价活动的重要组成部分,能够避免内部绩效评价活动的某些缺点和不足。但是,我国第三方绩效评价组织仍然面临着一些问题:第一,法律制度缺失,我国并不存在与第三方绩效评价活动有关的专门法律法规。法律制度的缺失使第三方绩效评价活动的科学性、独立性、公正性得不到有效保障。第二,第三方绩效评价组织欠缺独立性,一方面第三方评价组织大多仍是事业单位等享受财政拨款的单位;另一方面受政府部门委托的第三方绩效评价组织与所评价政府部门有着直接的利益关联。第三,第三方评价组织在信息获取方面存在障碍,存在障碍的原因是我国政府信息收集体系和共享体系不健全,我国在政府信息公开方面仍存在不足等。

第三方绩效评价组织是外部绩效评价的重要实现方式,并且第三方绩效评价组织在绩效目标设定和审核方面可能更加专业。为保障第三方组织在绩效目标体系设计和绩效评价活动中起到积极性作用,应当从以下几个方面入手:第一,完善法律制度。社会主义法治建设是制度建设的重要组成部分,依法治国要求有法可依、有法必依。加强立法工作,使第三方参与绩效目标设定和绩效评价活动能够有法可依。第二,增强独立性。第三方绩效评价组织不仅要包含一些高校、科研院所等以国家财政资金供养的事业单位,还需要包含一些非营利性组织以及中介组织。要加强第三方组织与社会公众的沟通,使其绩效目标审核和绩效评价活动受到社会公众监督,对社会公众负责。第三,完善政府信息获取渠道。一方面,政府信息收集与共享机制有待进一步完善;另一方面,要大力推动政府信息公开,使第三方绩效评价组织能更好地开展绩效目标设定以及绩效评价等相关活动。

九、预算绩效目标审核的意见反馈和完善

财政部门直接或者委托第三方对绩效目标进行审核,需要将意见反馈给预算单位,预算单位根据相关意见对预算绩效目标作出调整和完善。财政部门在"一上"时组织人员对预算草案和预算绩效目标进行审核,并提出意见。财政部门将审核意见反馈给预算部门,称为"一下"。财政部门的审核意见应当明确、清晰、有依据。既包含总体判断,也要指出具体的问题,要有针对性地提出具体的修改意见。预算单位在收到财政部门的审核意见之后,要结合财政部门对其预算控制数和具体绩效目标的审核意见,作出相应的项目调整或预算目标调整。在修改之后,一般需要在预算单位内部进行自评审,通过内部自评审之后将修改后的预算草案和绩效目标重新上报财政部门。财政部门对预算单位第二次上报的预算草案和预算绩效目标体系("二上")进行审核时,审核的重点在于预算单位

是否充分吸收了第一次审核时所提出的修改意见,对第二次上报的预算草案和预算绩效目标体系作出整体判断。财政部门完成第二次审核后将审核意见再次反馈给预算单位("二下")。预算单位根据财政部门第二次反馈的审核意见,对预算草案和预算绩效目标体系作出调整,调整后再次上报财政部门,由财政部门审核确认。

第五章 预算绩效运行监控管理与监控实施

第一节 绩效运行监控

一、绩效运行监控定义

预算绩效管理是当下基层预算管理模式改革的重要价值取向,预算绩效管理模式的运行和完善离不开绩效监督体系建设。在预算绩效管理模式下,绩效监督是其重要的组成部分,并且贯穿于预算绩效编制、预算绩效执行、预算绩效评价和绩效评价结果应用的始终。绩效运行监控管理是全过程预算绩效管理的重要环节。

二、绩效运行监控主体

预算绩效运行监控的主体,包括财政部门、预算部门、审计部门、各级人大(立法机关)、司法和检察机关、社会公众。各类监控主体的目标有所不同,并且监控的手段也不同,将其分类为政府内部监控(含财政部门、预算部门、审计部门、各级人大、司法和检察机关等监控)和政府外部监控(社会公众监控)。

(一)财政部门

财政部门通过下设的财政监督机构来具体执行对预算绩效运行活动监督、指导和管理的职能。

财政部门主要是对预算绩效执行情况进行动态监控,对预算的编制、执行、资金拨付、账户设置、现金管理和政府会计等具体方面进行监控,旨在确保财政资金使用和分配的合理性、有效性,保障绩效目标的实现、预算执行的合法合规性,引导预算绩效执行。

(二)预算部门

预算部门通过完善内部的管理机制,依靠各项制度以及自身内控建设来进行预算绩效执行的动态监控。

预算部门主要完善内部管理机制,具体包括财务制度、工作报告制度、信息收集处理机制的建立和完善等,保障自身预算行为的合法合规性,促进自身预算绩效目标的实现。预算部门通过自身的预算绩效执行动态监控来保障绩效目标顺利实现。

(三)审计部门

审计部门参与预算绩效运行监控管理,对预算执行情况进行审计监督。

(四)各级人大(立法机关)

各级人民代表大会对各级人民政府的行政管理活动进行监督,预算绩效执行属于政府行政管理活动的重要部分,自然也是各级人民代表大会对行政机构监督的重要方面。人民代表大会通过监控预算绩效执行状况合法合规性,来确保行政机构预算绩效执行的经济、效益和效率。人民代表大会对预算绩效执行的动态监控,旨在避免预算绩效执行与人大立法精神和规定的偏离,做到预算绩效的执行有法可依。

(五)司法和检察机关

司法和检察机关主要依据现存法律法规来行使预算绩效运行的动态监控。司法和检察机关参与预算绩效动态监控的目的在于保障预算绩效执行行为合规,以此促进预算绩效目标的顺利实现。

(六)社会公众

社会公众参与预算绩效运行监控管理,对立法中关于预算绩效执行的动态监控程序进行监督,要求立法反映社会公众诉求,确保预算绩效执行符合公众利益;对预算绩效动态执行是否合法进行监督,既定法律程序能够确保预算绩效执行符合社会公众利益,社会公众需要监督政府,使其不能违反已有相关法律法规;对政府在财政法规框架内的行为进行监督,协调社会公众内部利益,保证政府能够公平对待每个社会团体,不能为某些利益集团所绑架。

社会公众可以采取直接监督和间接监督的方式对预算绩效的运行进行监控管理。直接监督是指社会公众可以对预算执行提供建议,并通过一定程序参与到预算执行的管理活动中。间接监督是通过政府组成部门中的民意机构来实现的。民意机构主要指我国的人民代表大会。

三、绩效运行监控对象

绩效运行监控对象包括部门预算资金、财政专项资金、政府投资预算资金等财政性资金安排的,且纳入绩效目标管理范围的项目资金。

四、绩效运行监控内容

绩效运行监控管理的主要内容包括预算执行情况、项目实施情况、资金管理情况、项目管理情况、绩效目标预期完成情况等。

(一)预算执行情况

预算执行进度是绩效运行跟踪监控的核心指标之一,预算执行工作是实现预算收支任务的关键步骤,也是整个预算管理工作的中心环节。具体来讲,预算执行情况主要包括以下内容:

(1)财政部门按照本级人大批准的本级预算向本级各部门(含直属单位)批复预算的情况、本级预算执行调整情况和预算收支变化情况。

(2)预算收入征收部门依法征收预算收入情况。

(3)财政部门依照规定和财政管理体制,拨付和管理政府间财政转移支付资金情况以及办理结算、结转情况。

(4)财政部门按批准的年度预算、用款计划及规定的预算级次和程序,拨付本级预算支出资金情况。

(5)国库按国家规定办理预算收入的收纳、划分、了解情况和预算支出资金的拨付情况。

(6)本级各部门(含直属单位)执行年度预算情况。

(7)依照国家有关规定实行专项管理的预算资金收支情况。

(8)法律法规规定的其他与财政性资金筹集、分配、使用和管理有关的情况。

(二)项目实施情况

项目实施情况包括项目具体工作任务实际开展情况及趋势、项目实施计划的实际进度情况及趋势、项目实施计划的调整情况等。

项目实施情况包含的信息有:各项具体任务的开展情况及其预期完成状况、整个项目的进度信息、项目中已经发生或需要改变计划方面的信息。

(三)资金管理情况

资金管理情况包括项目资金用款计划的时效性、专项资金支付方式、拨付效率、资金安全性等。

资金管理情况包含的信息有:资金划拨的合法合规性、资金划拨效率与安全性、资金的管理状况和支付状况。

(四)项目管理情况

项目管理情况包括政府采购、项目公示、工程招投标和监理、项目验收等情况,财务管理和会计核算情况,相关资产管理情况等。

项目管理情况包含的信息有:政府采购、招标、验收等方面的合法合规性,项目资金管理的合法合规性以及项目资产的状况。

(五)绩效目标预期完成情况

绩效目标预期完成情况包括计划提供的公共产品和服务的预期完成程度及趋势,计划带来效果的预期实现程度及趋势,社会公众满意率预期实现程度及趋势,项目实施计划的调整情况等。

绩效目标预期完成情况主要包含以下信息:项目计划提供的公共产品和服务的预期完成程度及趋势,包括项目的数量、质量、时效、成本等目标;项目实施计划所带来效果的预期实现程度及趋势,包括经济效益、社会效益、生态效益和可持续影响等;社会公众满意率预期实现程度及趋势;达到计划产出所需要的财力、物力、人力等资源的完成情况。

五、绩效运行监控方式

(一)按时效性分类

绩效运行监控的方式分为日常监控和半年总结分析。

1. 日常监控

日常监控是预算部门(单位)在年度预算执行过程中,不定期对项目支出情况采取的绩效跟踪。预算部门(单位)应对重点项目及绩效目标变动项目加强日常绩效跟踪,及时发现项目预算执行中的问题,及时调整、纠正。

2. 半年总结分析

半年总结分析是指预算部门(单位)每半年根据日常跟踪情况,对部门(单位)整体财政支出情况实施总结分析。

(二)按监控主体分类

绩效运行监控的方式分为部门、单位自行监控和财政部门重点监控两种。

1. 部门、单位自行监控

部门、单位按照预算绩效管理有关规定,对照绩效目标,对预算执行过程以及资金使用和管理情况进行跟踪监控。各有关部门、单位要健全制度,责任到人,提高支出执行的及时性、均衡性和有效性,及时掌握财政支出绩效目标的完成情况、实施进程和资金支出进度,填报绩效监控情况表。当财政支出执行绩效与绩效目标发生偏离时,各有关部门、单位要及时向财政部门报告,并采取措施予以纠正。

2. 财政部门重点监控

财政部门在部门、单位自行监控的基础上,根据预算安排、绩效目标、国库管理等,对预算执行进度、绩效目标实现程度进行绩效跟踪管理。通过听取汇报、实地核查,以及绩效运行信息采集、汇总分析的途径和资金运行的动态纠偏机制等方式不定期对有关财政支出进行跟踪抽查,查找资金使用和管理以及预算执行过程中的薄弱环节,提出解决问题的方法和措施,促使部门、单位改进实施管理,确保绩效目标的实现。

六、绩效运行监控方法

(一)文献研究法

文献研究法主要通过解读国家和地方政策,以及与项目相关的政策、文献,获取绩效运行监控项目的管理概况、绩效目标、需调整和修改的绩效指标等有用信息。

(二)社会调查法

社会调查法主要是通过问卷调查、访谈和现场勘查等方式,对项目绩效运行情况进行监控。从资金流和业务链两个层面着手,对资金管理和项目管理进行绩效监控。

第二节 绩效运行监控环节

一、绩效监控布置环节

财政部门在监控预算绩效目标时,对绩效监控布置实施所提出的要求主要包括绩效监控的内容、实施方式、监控要求、报告格式、时间安排等。

预算绩效监控布置主要是为各监控主体建立监控渠道,使其能够顺利行使监控权利,故将绩效监控布置环节分为政府内部预算绩效监控布置和政府外部预算绩效监控布置。

(一)政府内部预算绩效监控布置

政府内部预算绩效执行动态监控是指参与监控的各部门依据宪法、

法律、行政法规和财政规章制度的不同要求,制定预算绩效监控程序,按程序开展绩效监控活动,或根据日常财政管理过程中发现的问题,采取科学、适当的监控方式,及时组织开展预算绩效监控管理,以保证预算绩效目标的顺利实现。

监督的要求如下。

1. 日常监督

财政监督部门和财政部门各业务处科室按照国家法律法规的规定对预算执行和财政管理中的日常事项所进行的监督管理活动。

2. 全过程监督

财政监督管理部门对财政监督客体在财政经济事项发生前进行审核,发生过程中进行监控,事项结束后进行检查,实行全过程监控。

3. 分段监督

财政监督部门根据情况,选择一个恰当的时段对财政监督客体的行为进行监督。

4. 事后检查

财政监督部门通过对财政监督客体已经结束的财政经济事项;根据国家的法律法规进行印证性检查,并对违法违规者作出处理或处罚的行为。

5. 全面监督

全面监督是指财政监督部门对某一或者某些财政监督客体在某一时期内发生的全部财政财务收支活动、所有的核算资料以及涉及的所有财政经济业务事项进行的事后监督。它在监督内容上十分全面,但在监督时段上属于事后检查。

6. 专项监督

财政监督部门和财政机关各有关业务部门对某一特定类型的项目进行的监督检查,这些项目可能存在于同一监督客体,也可能分散在不同的监督客体,但它们属于同一类型的经济业务,或者在性质上属于相同问题,监督检查的结果可以进行归纳。

7. 个案监督

财政监督部门根据上级批示，或者日常监督检查和专项监督检查中发现的线索，或者根据群众举报，组织力量对监督客体在某一时期发生的某一具体财政财务收支活动、核算资料，或者某些需要实施检查的经济事项进行的监督检查。

以上财政监督方法，多适用于财政部门对预算执行部门进行监控。除此之外还需要预算执行部门进行日常的自我监控。预算执行部门自我监控是指预算执行部门按照预算绩效目标，持续跟踪预算绩效执行情况的信息。

(二)政府外部预算绩效监控布置

政府外部预算绩效执行监控布置主要是指社会公众对政府财政预算绩效工作进行监督，并畅通社会公众对政府预算绩效执行的动态监控渠道。

社会公众监督的要求如下。

1. 发展舆论监督

舆论监督是社会公众对财政预算绩效执行监控的一种重要手段，舆论由于其公开性的特点，具有了其他手段所无法替代的优势。舆论监督能够对政府形成外部压力，并且在舆论畅通环境下，便于及时发现问题、暴露问题和解决问题。

2. 提高财政透明度

要实现人民对政府的财政监督，财政透明度的提升是最关键的要素。如果人民对财政信息一无所知，根本就无法进行监督。财政透明度是政府管理的关键环节，它可以促使负责制定和实施财政政策的人更加负责。

3. 强化人民建议权

要加强人民群众与人民代表大会的联系，加强人民代表大会对政府日常工作行为的指导。人民的建议权是监控的一种手段，能够反映社会公众的诉求，应当作为政府外部预算绩效监控布置的重要方面。对于社会公众中的专家学者，他们的建议权要受到足够的重视，要畅通他们提建议的渠道,并对他们的建议加以科学研究并作出回应。

二、绩效监控实施环节

预算绩效监控实施环节主要是主管部门自行监控。预算单位在开展绩效监控过程中,要定期或不定期将监控的情况以表格和文字的形式反馈给财政部门,确保财政部门及时了解有关资金使用情况,实现动态纠偏。财政部门应及时对预算部门报送的绩效监控情况进行审核,如有偏离指标的情况,要指出其中的问题,并反馈给有关预算部门,督促其进行整改。财政部门根据各预算单位跟踪监控的实际情况,选取部分单位进行抽查,及时发现其中存在的问题,考察预算单位报送监控情况的真实性与准确性,也可在此过程中发现预算单位未注意到的问题,提高预算单位的资金管理水平。

预算绩效监控实施环节要做到以下几点：

第一,动态监控绩效的执行,督促偏离时间进度的预算资金项目及时开工,实时监控工程进展情况。

第二,动态监控预算资金运行状况,及时采集资金拨付使用信息,加快财政资金支出进度,保证预算项目实施的资金需要。

第三,动态监控绩效目标完成情况,定期采集并汇总分析项目绩效运行信息,结合预算执行管理科室共同开展绩效专项检查,及时纠正偏离绩效目标的各种项目和资金管理问题。通过绩效监督动态监控绩效预算运行,保证绩效预算目标的如期实现。

第四,当预算单位收到相关文件后,要严格按照文件的有关规定,认真对项目进行跟踪,同时要提供相关跟踪监控材料,证明监控有关的内容,确保项目按既定目标执行。

三、绩效监控结果

预算绩效运行监控作为预算绩效管理的重要环节,是预算绩效目标实现的重要保障。预算绩效运行监控结果,必须能够有效运用,才能够发挥监控的作用。预算绩效运行监控结果至少在保障预算项目顺利执行、预算绩效运行后续调整,以及为今后预算绩效管理活动提供借鉴等环节发挥重要作用。

(一)为预算项目运行的顺利进行提供保障

预算绩效运行监控强调事中监控,区别于传统观念中以事后监控为主的监控模式。在预算绩效监控执行中,随时发现问题、解决问题。预算绩效运行监控是一种现场控制或者同步控制。

这种监控措施针对国家机关、国有或国有控股企业(金融机构)、事业单位等预算执行单位正处于进行中的预算绩效项目进行监控。对其合法性、合规性以及是否向实现预期绩效目标方向发展进行监控,以此促进预算绩效管理目标的实现。

(二)为预算绩效运行工作的调整提供依据

预算绩效运行监控是对预算绩效执行工作的实时监控,在发现问题时,应当分析其原因并给出解决方案。预算绩效执行动态监控所提供信息能够为预算项目执行进行修正提供参考信息,有助于选择更有利于实现绩效目标的运行路径。

预算绩效运行工作调整存在两种模式:一种是对现有预算绩效运行工作路径进行优化,分析预算执行中完成的工作量、达到的效果以及与预期效果间差距所产生的原因。通过逐一比较、分析产生差距的原因,给出预算绩效运行工作路径调整或加强的方面,促进工作效率的全面提升。另一种是重新设计预算绩效运行工作路径,有时候预算运行工作的内外部环境发生变化,会显著影响预算绩效运行工作的效果。在这种情况下,需要评析原有预算绩效运行工作路径是否还是实现预算绩效目标的最佳工作路径,并将其与新设计的工作路径加以对比,衡量利弊得失,选择更有助于实现预算绩效管理目标的工作路径。

(三)为预算绩效运行工作的管理提供支撑

预算绩效运行监控信息,可以获得预算运行单位的运行信息,能够督促预算绩效运行的工作进度,也可以作为加强预算资金管理的手段。

预算绩效运行监控信息,可以使监控主体了解项目进度,以便监控主体对项目进展情况和最终预期完成状况有一个合理评估。监控主体可以据此督促预算运行单位加快预算绩效运行工作进度。保证预算绩效运行工作的平衡性。

预算绩效运行动态监控不仅能够提供项目进度信息,并且能够据此估计预算运行单位的资金支出需求。财政管理部门可以依据此信息向预算运行单位拨款。财政管理部门对于预期不能完成全部任务的预算运行项目,可以减少对其财政拨款;对于完全无法继续运行的预算绩效项目,可以停止对预算运行单位拨款。通过对资金拨付的管理,来加强对预算绩效项目的管理。

(四)为预算绩效管理工作水平的提升积累素材

预算绩效运行监控作为一种全过程的监控,能够发现预算绩效运行中各种各样的问题。其中很多问题可能是在预算绩效目标设定时未曾考虑到的因素,这些因素将为同类预算绩效管理项目工作路径设计所考虑。通过预算绩效运行监控所分析出的工作关键节点,也成为设计预算绩效管理工作路径所重点关注的环节。一些预算绩效管理活动根本无法达到项目立项时所承诺的绩效目标,对于此类项目今后应当禁止立项。

第三节 预算绩效监控实施

一、监控实施思路

(一)确定绩效运行监控目标和目标值

分析项目特点,了解项目绩效目标,根据绩效运行监控实际需要,确定需要监控的绩效目标,选取实现该目标的关键指标,确定需要监控的目标值。

(二)通过调研,分析跟踪目标的完成情况

采用案卷研究、社会调查等方式,对跟踪的绩效目标加以分析,收集绩效运行数据,分析跟踪目标的完成情况及趋势。

(三)分析实施偏差和项目完成可能性

通过对绩效目标的监控,结合项目实际,将项目在实施过程中实际完成情况与绩效目标及其目标值对比,分析项目实施过程中出现的偏差。通过项目实施现状和项目实施进度,预测项目完成趋势和完成可能性。

(四)提出纠偏措施,形成跟踪报告

根据实施偏差结果分析,找出成因,提出纠偏的措施,使项目实施符合计划目标,项目实施完成与绩效目标一致。

二、监控实施步骤

绩效监控实施步骤主要包括三个部分:收集绩效运行数据信息、分析绩效运行数据信息、形成绩效运行监控报告。

(一)收集绩效运行数据信息

绩效运行监控要对绩效目标的预期实现程度进行判断,需要以全面、翔实、高质量、针对性强的数据信息为基础。绩效运行数据信息的收集是绩效运行监控实施的首要工作。

绩效运行数据信息的收集,以绩效目标为核心,以绩效指标完成情况为重点,其主要监控步骤如下:

(1)执行准备情况,包括是否有具体实施计划、保障措施等。

(2)外部环境、条件的变化及影响情况。

(3)实现计划的实际进展情况,是否需要必要的调整。

(4)为实现预期目标制定保障措施的落实情况。

(5)相关项目合同的执行情况。

(6)项目执行已经取得的产出情况。

(7)项目执行已经体现的绩效情况。

(8)项目是否存在损失或浪费情况。

(9)项目是否停止或停滞。

(10)项目未来产出的预计情况。

(11)项目未来效益的预计情况。

(12)项目远期的预测情况。

(13)分析绩效运行数据信息。

(二)分析绩效运行数据信息

在收集各类绩效运行数据信息后,要进一步加工处理:一是对数据信息进行核实,确保其真实性;二是对数据信息进行分析。例如,预算绩效计划是否得到较好执行,预算支出行为是否有利于绩效目标的实现,内外部环境的变化可能对计划产生怎样的影响等,相关分析均应围绕预算绩效目标的实现程度开展。

绩效运行监控过程中的绩效分析和预算支出完成后的绩效评价,采用的方法基本相同,不同之处在于:前者旨在确保绩效目标的实现,针对执行过程中的关键问题,重点关注对下阶段工作的预测;后者旨在分析预算产出和结果,全方位的详细分析,重点关注前阶段工作的评价。

(三)形成绩效运行监控报告

在分析绩效运行数据信息的基础上,形成绩效运行监控报告。绩效运行监控报告首先由具体实施单位形成,然后层层向上汇集,按照预算绩效管理级次逐级汇总,形成绩效运行监控的总体报告。主要内容如下:

(1)关键点的绩效运行数据信息。

(2)对相关数据信息的核实情况。

(3)对相关数据信息的分析情况。

(4)对预期产出和预期绩效实现程度的判断。

(5)根据绩效运行情况已采取的改进措施。

(6)进一步完善和改进预算执行的建议。

第四节 预算绩效监控实施布置

预算绩效运行监控的布置程序,如图 5-1 所示。

```
确定运行监控对象
       ↓
分析项目核心目标
       ↓
确定核心跟踪指标
       ↓
   确定实施方式
       ↓
  制定时间安排表
       ↓
   确定跟踪方案
```

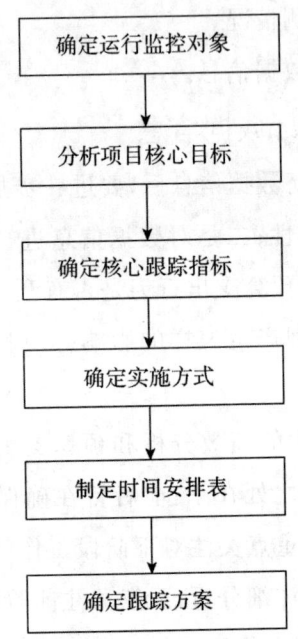

图 5-1 预算绩效运行监控布置程序

(一)确定运行监控对象

确定绩效运行监控对象,分析项目特点,了解项目绩效目标。

(二)分析项目核心目标

明确项目核心目标是什么,每个核心目标的措施是什么,该措施的落实制度保障应该包含哪些内容,如何保障制度得以贯彻。通过分析项目核心目标,明确绩效监控内容。

(三)确定核心跟踪指标

在分析绩效核心目标的基础上,确定重点跟踪实现该目标的关键核心跟踪指标是什么,关键措施是什么,该措施落实关键制度的保障应有哪些,如何保障该制度得以贯彻。

（四）确定实施方式

在明确绩效监控内容和核心跟踪指标后，确定采取怎样的实施方式，对项目绩效目标进行监控，确定是预算部门自行监督还是财政部门重点监控。

（五）制定时间安排

根据绩效运行监控工作开展需要，合理制定监控各环节的时间安排，保证各工作程序的有序进行。

（六）确定跟踪方案

在上述分析的基础上，确定跟踪方案，明确绩效运行监控的内容、绩效运行监控的方式和时间安排。

第五节　预算绩效运行监控结果应用

绩效运行监控信息的应用包括促进绩效目标的实现、改进实现绩效目标的途径、加强预算执行的管理。

一、促进绩效目标的实现

（一）及时发现并纠正偏差

通过对绩效运行趋势的分析和预测，及时发现绩效运行与既定目标的偏离现状，通过汇总分析，找出偏差及其成因，采取有效措施及时纠正。

（二）完善预算绩效管理关键环节

利用层层递进的绩效运行监控报告模式，对各机构在各环节中的职责作用进行分析管理，从而突出关键环节，提高效率。

（三）促进部门内部协调配合

通过绩效执行分析，加强各部门间的沟通交流，协调合作。

二、改进实现绩效目标的途径

（一）优化预算绩效计划

根据绩效目标要求，对执行过程中出现的偏差加以分析，进一步完善计划,提高效率和效益。

(二)设计新的预算绩效计划

通过既定目标与实现程度的比较分析,设计新的计划,衡量两者之间的优劣情况,择优执行。

三、加强预算执行管理

(一)进行预算执行进度分析

分析绩效运行监控报告,从而分析预算绩效的执行进度,进一步优化预算执行。

(二)作为用款计划下达的依据

通过绩效运行监控报告的预测,合理估计支出需求,对资金的下拨进行合理的控制,充分发挥资金的效益。

(三)形成绩效运行监控报告

通过市渣土管理电子监控平台的建立初步实现了城区新型智能环保车的智能化管理,渣土管理的工作力度明显加大,以往渣土管理中存在的各类突出问题明显减少,城市管理整体水平大幅提升。追求长效化、常态化、精细化正在成为城市渣土管理工作的主旋律。项目绩效主要表现为以下几个方面。

1. 规范了渣土车辆运输行为

通过全天候24小时实时监控,及时了解车辆的行驶状态和运行情况,发现违规警情后,电子监控平台进行锁车处理,及时反馈到四区渣土管理办和渣土运输公司快速处理。

2. 减少了执法成本和执法难度

电子监控平台建成前对于处置违规渣土车辆的运输行为,一般采用封堵工地和拦停渣土运输车辆的方法,这种方法需要大量的人力和物力,且很难执行到位,在执法过程中也极易引起矛盾冲突,渣土运输车辆强行冲关和殴打执法人员的现象频频发生。电子监控平台建成后通过监控平台对违规车辆进行锁车,车辆所在公司负责人主动上门接受处理,既减少了执法成本又降低了执法难度。

3. 促进了渣土运输公司管理水平的提高

以往多数渣土运输公司只重视经济效益,轻视管理工作,放任司机的违规行为。监控平台建成后,司机的违规操作行为经常被锁车,这不仅影响渣土车自身经济利益,而且直接影响渣土公司的生存(在对渣土公司考核中,锁车后将被扣分,考核成绩差的公司将被淘汰),这种倒逼机制,迫使渣土公司重视管理工作,现在多数公司都增加了管理人员,建立了管理制度,加强了运输作业过程的监管。

4. 有效解决了渣土管理工作的几个突出问题

一是解决了车辆超载的问题。如果车辆超载,将被监控平台及时发现,经认真核实后,超载车辆将被锁住,大大减少了超载车辆对城市道路的破坏。二是解决了车辆不密闭运输的问题。车辆未密闭运输将被锁车,解决了沿路抛洒带来的道路污染,也减少了清除道路污染带来的人力、物力、财力损耗。三是解决了建筑垃圾乱倾倒的问题。电子监控平台建成后,运输车辆必须按规定的线路行驶,必须到指定的建筑垃圾消纳场倾倒垃圾,否则将被锁车,有效遏制了以往乱倾倒行为,同时为政府节约了本应由建设单位负责的一部分渣土处置费用。

四、绩效监控结果后续工作建议

(一)项目决策方面

1. 认真、完整申报绩效目标

绩效目标应当经过实际调查和科学论证后,确定申报项目;目标要细化、量化并做到合理可行,纳入监控平台管理的渣土车数量、系统监控质量要求(监控记录填写和汇总分析、锁车解锁程序、设备维修时限等)要有详细描述,作为预算部门执行和项目绩效评价的依据。

2. 完善资金管理办法

针对项目实际情况,制定本项目资金管理办法,明确资金的收支使用规范和支付流程。

(二)项目管理方面

1. 改进监控系统配置,提高监控系统使用效率

针对现有渣土管理电子监控系统不成熟、运行不稳定的状况,对现有电子监控系统升级改造,满足实际管理需要,让所有设计功能用之有效,提高监控系统运行的稳定性,减少或杜绝监控过程中的错判、误判现象,电子监控系统功能健全、运行有效是渣土监控平台管理的第一步。

2. 完善项目管理制度,加强项目监管

根据项目实际情况完善项目管理制度和操作流程,规定开放监控功能等的使用条件和权限;本项目为外包给第三方实施,完善对第三方考核管理办法,合理划分考核评分等级和各级次费用支付额度,对第三方的考核客观真实,不要流于形式,确保监控平台的监控记录真实完整、监控处理规范有效。

第六章 预算绩效管理改革

第一节 预算绩效管理改革的要求

中国预算绩效管理经历了三大阶段,从"绩效评价"到"绩效管理",从"绩效管理"再到"全面绩效管理",这一过程反映出财政部门对于预算绩效工作的认识在不断提升,绩效管理的制度得到不断的改进,已不仅仅是单纯的技术评价内容,还有更加丰富的管理内涵。具体而言,实施预算全面绩效管理有六个方面的要求。

(一)纵向到底、横向到边,实现对所有政府部门的全覆盖

全面绩效管理是覆盖所有政府层级和部门,纵向对中央、省、市、县、乡五级政府实现纵向到底,横向对所有同级政府部门均覆盖,达到横向到边,对不同部门下属单位也要全覆盖,纵横交织的预算绩效管理如同一张大网,把所有政府活动纳入预算绩效管理中。所有政府的战略规划、政策、资金流程、部门事权和支出责任等信息,无一例外都会纳入绩效管理的视角之中,极大地减少了各种信息不对称带来的道德风险问题。这就要求各级各部门要强化预算绩效管理能力,统一思想和认识,真正将绩效管理的理念转化为切实的行动,全面绩效管理将大大提高政府的行政效率和履职能力,减少治理低效或无效的现象。

(二)预算绩效嵌入预算全过程

新预算法有六处提到了"绩效",基本贯穿了预算编制、审查和批准、执行和监督、决算全过程。"各部门、各单位应当按照国务院财政部门制定的政府收支分类科目、预算支出标准和要求,以及绩效目标管理等预算

编制规定,根据其依法履行职能和事业发展的需要以及存量资产情况,编制本部门、本单位预算草案。"这里面就明确了绩效评价结果对预算安排的作用,以及绩效目标在预算编制中的不可或缺性,绩效目标的设立实际上蕴含着部门对自己事权和职能的再认识。在预算审查和批准环节,"各级人民代表大会有关专门委员会,要向本级人民代表大会主席团提出关于总预算草案及上一年总预算执行情况的审查结果报告。审查结果报告应当包括提高预算绩效的意见和建议。"预算绩效已经成为各级人大审批的重要部分。在预算执行和监督环节,要求各级政府、各部门、各单位应当对预算支出情况开展绩效评价。在决算环节,县级以上各级人民代表大会常务委员会和乡、民族乡、镇人民代表大会对本级决算草案,要重点审查支出政策实施情况和重点支出、重大投资项目资金的使用及绩效情况。也可以说,新预算法为全过程预算绩效管理提供了法理支持,未来财政部门需要根据具体的业务特征,将之更加具体化。

未来预算绩效管理将成为预算管理的有力抓手,各级各部门将设定的绩效目标和部门预算一起申报,这些绩效目标如果不符合编制要求就无法进入财政的项目库,同时对于那些绩效目标偏离的情况也会有一定的预算执行监控举措,部门如果不能如实开展自评,或是出现评价不过关的情形,财政部门都有权压减或取消下年度预算资金。全面预算绩效管理的核心就是要把预算和绩效紧密地绑在一起,预算权力和绩效责任要匹配,督促用钱的单位切实履行相关责任。

(三)预算绩效管理对象全覆盖

随着预算管理改革的深入推进,预算绩效管理对象已经从以前的部门项目支出、部门整体支出逐步拓展到财政政策、财政管理等诸多领域,这就意味着预算绩效管理对象的全覆盖,具体来讲,对这些不同的管理对象,其管理难易程度是不同的。项目支出绩效管理涉及的面比较窄,相对可控,容易管理和评价。部门整体支出绩效管理内容除项目支出情况外,还涉及单位的其他支出,通过部门整体支出绩效管理,可以强化部门支出责任,将"花钱"和"干事"紧密结合在一起。支出政策绩效管理,涉及项目和部门,相对复杂,支出政策预算绩效管理要关注支出结果对政策目标的实现程度,这并非易事。前两项工作开展相对较早,有一定的经验,支出政策预算绩效管理开展得较晚,还需要不断的探索总结。财政管理绩效针对地方各级财政管理的多个方面,包括实施透明预算、规范预算编制、优化收支结构、盘活存量资金、加强债务管理、完善省以下财政体制、落实"约法三章"、严肃财经纪律等多个方面,条块结合在一起,是一项综合性极高的工作。

(四)绩效目标管理涵盖短期绩效目标和中期绩效目标

目前财政部门会同各部门编制三年滚动财政规划,对未来三年重大财政收支情况进行分析预测,对规划期内一些重大改革、重要政策和重大项目,研究政策目标、运行机制和评价办法,通过逐年更新滚动管理,强化财政规划对年度预算的约束性。与之相对应地,全面预算绩效管理要求绩效目标管理涵盖短期和长期绩效目标,这就需要部门认真分析部门规划、部门职能、财政规划等信息,提炼出有效的短期绩效目标和中期绩效目标。此外,还要加强绩效目标执行的动态监控,及时纠偏纠错。

(五)建立有效的激励约束机制

建立预算安排与绩效目标、资金使用效果挂钩的激励约束机制。如果说绩效目标设定主要在预算绩效管理的前端,那就需要和本期的预算编制紧密挂钩,在预算管理的终端就需要对财政资金使用效果进行评价,这一评价结果的运用机制设计很重要,如果能够和预算安排挂钩,那就会对政府部门的预算产生硬约束,奖优罚劣的激励约束机制将会大幅提升预算管理效率。下年度的预算绩效目标可以根据上年预算绩效评价结果,对上年度的绩效目标进行适当的调整,将其设定得更加科学合理。同时也可以对那些绩效低下的部门和单位及相关责任人进行绩效问责,以此来强化预算绩效管理的约束力。

(六)改进绩效评价质量,提高公共服务质量和满意度

预算绩效管理的核心是绩效评价,由谁评、评什么、怎么评、评完怎

办？这些都是非常重要的内容。绩效评价涉及部门自评价、第三方评价和财政的再评价，这就涉及三个行为主体，因此需要制定相关的制度来激励三方能够协同发力，尽可能做到评价的公开、公平、公正；其中，部门自评价的核心是绩效目标是否实现，对于没有实现目标的原因进行分析，要履行绩效责任。绩效评价的全覆盖要求不仅仅是针对那些重大项目、重点支出的使用绩效，还要对所有财政资金进行评价，这实际上是要提高所有公共服务的质量和群众满意度；同时绩效评价也是全过程的，包括前评价、中评价、后评价，而且是一个开放式循环，提高本轮的后评价和下轮的前评价相衔接，进而得以不断改进评价质量。绩效评价质量还有一个关键因素，就是评价结果的使用，除了和预算挂钩外，还可以考虑和行政效能考核挂钩，这样形成预算和行政双重约束，可以督促部门和单位重视绩效工作，改进公共服务质量。所有预算绩效管理最终都是要提高群众对公共服务的满意度，所以在绩效指标中可以适当提高群众满意度指标的权重，满意度会因地区发展水平而有所不同，需要做出一定的可比性矫正。

第二节 预算绩效管理改革的内容

理论研究终究是为现实服务的，只有将理论和实际相结合，在现实中应用相关的经济学理论，才能感受到经济学的巨大魅力，在预算改革与预算绩效评价这类实践性相对较强的领域里，理论与现实的契合程度显得尤为突出。围绕面向绩效预算改革的绩效评价研究主体，力图实现以下研究目标。

一、预算绩效管理的评价与研究

（一）形成有理有据的整体研究框架

尝试规划从逻辑起点设定、在逻辑演绎过程中提炼出结果的基本流程，演绎过程中评价指标的载体、评价技术的发展脉络和评价结果分析得到的预算绩效评价研究构架。

(二)演绎面向绩效预算的预算绩效评价理论结构

探寻一种适应绩效预算改革政策基调的理论框架,亦即理论能够适应未来绩效预算改革的导向,指导近期预算绩效评价实践的开展。

(三)构建预算绩效评价指标

基于面向绩效预算的预算绩效评价理论结构,首先,从评价视角观、范畴观、架构观与指标观拓展部门预算绩效评价的规则定位;其次,根据专家的意见进行集成性分析,分析其认知水平的隶属度,分析衡量评价体系数据支撑的测量度,分析评价信息重叠程度的相关性,分析评价指标识别能力的鉴别能力,以此来筛选评价指标体系中存在的问题和缺陷。旨在提高指标体系的合理性,整合理论初构与实证筛选,形成科学的部门预算绩效评价指标体系。

(四)定位预算绩效评价指数模型设计技术路径

评价模型是评价主体对评价课题的价值体系结构在形式上的概括。多指标综合评价模型的构建与检验是部门预算绩效评价的关键环节,是确保预算绩效评价纵深拓展、获取准确评价结论的重要途径。首先,提出预算评价的指数化模型选择与组合化实现方法;随后,系统构建基于结构方程模型与复核功效函数的评价指数模型,以及整合层次分析法、复核功效函数的评价指数模型。旨在设计清晰的评价技术路线,选用有效的评价方法,组建综合的评价模型,输出直观的评价结果。

(五)解析预算绩效评价输出结果

预算绩效评价指数的等级分布状态与描述性统计结构显示了预算绩效较差的状况,时序和类型特征作为外在因素对预算绩效水平的影响程度有限,从而判断出预算综合与分类绩效普遍较差的常态,这种状态的解释有待于通过预算绩效评价指标的描述性统计,揭示造成预算绩效不佳的内在因素。随之思考,预算绩效评价输出结果反映了什么客观现象,揭示了哪些深层原因。

二、预算绩效管理改革的创新内容

全新的绩效预算这一预算方法,能够更加直观地观看到产出与成果的效果,从而能够让管理者更好地认识到自己工作的成效,可以根据绩效成果有效地进行资源的分配,从而提高财政支出的有效性。学界有这样一个问题在谈到预算改革的过程中常常被忽视:"未来绩效预算改革是对部门预算的变革抑或调整"。这个问题应该被重视,因为我国的远期绩效预算改革,是在部门预算框架下的预算管理理念调整,其目的是将预算资源配置好并实现其与绩效目标相整合。因此,本文从预算配置绩效评价指标、预算执行绩效评价指标、预算决算绩效评价指标进行创新展开。

(一)预算配置的绩效评价

为贯彻落实预算编制改革,首先要遵循的是国家财政部门要求的中央部门预算编制中规定的八项基本原则,即2008年发布的《中央部门预算编制指南(2008)》中,规定的预算编制应该遵循合法性、真实性、科学性、完整性、稳妥性、重点性、透明性、绩效性原则,这八项基本原则从理性的角度要求预算编制要符合规范、保持信息完整、收支平衡等。遵循这八项基本原则对部门预算编制进行建构可以从一定程度上量化评价指标,以便提高考核实际和指导指标的契合度。建立以预算配置为目标驱动因素的预算绩效评价是定位预算编制阶段的决策评价,同时也是一项事前评价,即对部门预算管理流程的数据评价体现。通过绩效预算得出的数据,可以更加直观地取得各部门预算的资源分配的配比关系,进而可以更加准确地、科学地进行预算配置资源。因此,合理地配置预算经费,根据不同的绩效配置因素、当年预算编制的水平、预算收支结构的稳妥程度、结构因素这些不定量因素,及时进行调整从而能够保障更好的预算配置绩效状态。

影响预算配置绩效的规模、结构与变动因素指标,围绕收入预算与支出预算的基本结构展开。分析预算收入可以从总预算收入和职均预算收入进行,将之分为总体和部分两方面进行分析。部门预算要根据财政拨款和自筹预算收入比重与变动率的变化,进行调整,从而更好地持续培养财源能力。可以通过不同的标准对基本支出与项目支出、人员经费与公用经费作为支出预算进行整体的统筹,从而合理配置资源。在符合预算资金分配的总体分配原则"一要吃饭,二要建设"方针下,要先保证重要的支出,再保持基础的支出,而后要对项目支出予以分配,最后按照人员经费的预算不挤压公共经费的预算进行分配。

(二)预算执行的绩效评价

以预算执行为目标驱动因素的预算绩效评价是定位预算执行阶段的过程评价,也是对部门预算管理流程中的事中评价,通过绩效预算得出的数据,可以更加直观地取得各部门预算的资源分配的配比关系,进而可以更加准确地、科学地进行预算配置资源。

作为预算编制计划落实的最重要的一个环节,预算执行的重要性不言而喻。预算执行主要包括预算组织与支出预算控制两大内容。首先要确定预算收入的能力,从而保证预算收入能够及时入账,保证支出。同时要根据各自的规模与结构因素设置总预算收入执行率,及时调整财政拨款预算执行率,改善自筹经费预算执行率,提高自筹执行收入满足人员经费比例、自筹执行收入满足公用经费比例等指标。从整体预算落实、获取财政拨款能力以及自筹经费到位等因素,考虑变动因素设置财政拨款与自筹预算收入执行变动率,评价预算经费到位程度的相对变动情况。在考虑支出预算的时候,要确保预算能够及时到账,在配置资源的时候,要控制支出、避免出现不必要的支出,优化支出结构。从整体预算开支上来看,要合理配置总预算经费开支率、公用支出开支率、人员经费财政保障率、公用经费财政保障率等指标,衡量部门预算主要经费的实际开支情况与经费保障能力。

(三)预算决算的绩效评价

确立以预算决算为目标的预算绩效评价,是一种对部门预算管理流程的事后评价,在一定程度上代表了定位预算决算阶段的结果评价。通过分析数据之间的钩稽对应关系,反映出具有可行性的预算决算绩效指标。作为预算管理流程中最后一个环节,预算决算绩效在保持预算配置、执行绩效评价的逻辑对应关系的基础上,要衡量预算经费支出结果意义上的决算绩效;另一方面,根据财务管理绩效是基础、事业发展绩效是外延的逻辑思维,考虑财务状况与事业成果,衡量财务管理与事业发展意义上的决算绩效,设计科学的反映事业成果的指标体系。

第三节 预算绩效管理改革的意义和价值

为推进国家治理体系和治理能力现代化,深化财税体制改革,全面实施预算绩效管理势在必行。建立全方位、全过程、全覆盖的预算绩效管理体系,提高财政资源配置效率和使用效益具有重要的理论意义和现实价值。

一、契合绩效预算改革政策导向

坚持以供给侧结构性改革为主线,着力解决当前我国预算绩效管理中存在的突出问题。因此,在这种情况下,我们应顺应时代发展需要,按照党和国家的有关要求,针对当前我国预算绩效管理中存在的主要问题,对预算绩效管理进行全新的统筹、设计。科学、有效地进行预算绩效管理改革,将整体绩效预算改革和部分预算改革相结合,在此基础上进行调整,有利于更好地推进现代化财政体系建设。

二、补绩效预算理论研究缺失

在经济全球化背景下,进行预算绩效管理改革应借鉴国内外研究成果与改革成功经验。本文尝试构建面向绩效预算的预算绩效评价理论结构,为未来全面推行绩效预算改革提供理论研究成果,为当前完善预算绩效评价机制提供理论支持。

三、夯实强算绩效评价制度安排

如今使用的部门预算绩效评价制度,由于缺乏理论的支撑和实践的检验，在其实施的过程中存在着许多问题。因此，当务之急应为实施预算绩效的部门设计评价架构，从中找出现在实施的部门预算绩效评价制度中存在的问题与缺点。比如，在一些基层单位，其预算绩效评价属于单独的部门组织，在实施的过程中没有完善的细则和评价制度作为评价准则。面对这样的问题，可以选择具有代表性的基层单位组织将其作为试点单位，细化单位中的预算绩效评价的有效性和可行性，根据试点单位所取得的效果，逐渐地进行推广、实施，这样有利于协调、推进财政和部门单位绩效预算改革。与此同时，部门预算绩效评价的系统化构建也对严格约束部门资源使用者的职责，提高预算资源配置有效性，强化部门预算管理有着重要价值。

第七章 财政支出预算项目绩效目标管理与评价

第一节 财政支出预算项目绩效目标管理概述

一、财政支出预算项目绩效目标管理的意义

财政预算绩效管理是一个由"绩效目标管理、绩效运行跟踪监控管理、绩效评价实施管理、绩效评价结果反馈和应用管理"共同组成的综合系统。

绩效目标管理是财政预算绩效管理的基础,是整个预算绩效管理系统的前提和第一阶段,是预算绩效管理最重要的工作环节,包括绩效内容、绩效指标和绩效标准。预算单位在编制下一年度预算时,要根据政府编制预算的总体要求和财政部门的具体部署、国民经济和社会发展规划、部门职能及事业发展规划,科学、合理地测算资金需求,编制预算绩效计划,报送绩效目标。报送的绩效目标应与部门目标高度相关,并且是具体的、可衡量的、一定时期内可实现的。预算绩效计划要详细说明为达到绩效目标拟采取的工作程序、方式方法、资金需求、信息资源等,并有明确的职责和分工。

规范财政支出预算项目绩效目标管理,对增强项目支出预算的科学性,促进项目按预定目标有效实施,切实提高财政资金使用绩效,加强财政预算绩效管理工作都有着重要的现实意义。

二、财政支出预算项目绩效目标管理的范围

其范围适用于所有财政性资金,包括一般公共预算、政府性基金预算、国有资本经营预算、社会保险基金范围的项目支出等。

三、财政支出预算项目绩效目标管理的内容

财政支出预算项目绩效目标管理的内容包括:绩效目标申报、审核、下达、调整、结果应用等。以编制部门预算为例,部门预算项目绩效目标管理工作流程有:

(一)绩效目标申报

绩效目标申报主体为编制部门预算并申请项目支出的部门单位。绩效目标申报的主要内容:一是项目基本情况。申报单位和主管部门,项目的名称、类型以及申请依据、可行性和必要性等。二是项目资金情况。资金来源及支出明细预算等。三是绩效目标情况。项目实施进度计划,预期目标和相关绩效指标,保障绩效目标实现的措施等。

(1)绩效目标是项目计划在一定期限内达到的产出和效果,由预算部门在申报预算时填报。预算部门年初申报预算时,应当按照本办法规定的要求将绩效目标编入年度预算;执行中申请调整预算的,应当随调整预算一并上报绩效目标。绩效目标包括以下主要内容:①预期产出,包括提供的公共产品和服务的数量;②预期效果,包括经济效益、社会效益、环境效益和可持续影响等;③服务对象或项目受益人满意程度;④达到预期产出所需要的成本资源;⑤衡量预期产出、预期效果和服务对象满意程度的绩效指标;⑥其他。

(2)确定绩效目标的要求:①指向明确。绩效目标要符合国民经济和社会发展规划、部门职能及事业发展规划,并与相应的财政支出范围、方向、效果紧密相关。②具体细化。绩效目标应当从数量、质量、成本和时效等方面进行细化。

(二)绩效目标审核

财政部门对主管部门报送的项目支出绩效目标申报材料进行审核，内容主要包括两点：一是形式审核：绩效目标申报材料是否齐全，绩效目标申报表填列内容是否完整。二是内容审核：绩效目标申报内容是否符合有关政策规定和制度要求。主要审核的内容包括：①合规性：绩效目标是否符合国家法律法规和其他相关制度规定。②相关性：绩效目标要符合部门单位职能，体现本部门单位、本行业发展规划、项目实施内容与相应的财政支出范围、方向和效果等紧密相关。③可行性：绩效目标要经过充分论证和测算，符合客观实际，切实可行。④全面性：绩效目标内容要全面、明确，涵盖有数量、质量、成本和效果等方面的目标任务；要结合项目特点设定相关的绩效指标，客观反映项目绩效水平和目标实现程度。

以上审核工作，财政部门可以聘请专家或委托第三方评价机构进行。

(三)绩效目标下达

财政部门将项目支出绩效目标审核结果下达给主管部门，主管部门将财政部门审核通过的项目支出绩效目标下达给所属项目单位。

(四)绩效目标调整

经财政部门审核下达的项目支出绩效目标，在项目实施过程中原则上不予调整。但项目单位如遇到特殊原因确实需要调整项目原绩效目标的，必须将调整后的绩效目标报主管部门同意后，并报财政部门审核确认。

(五)绩效目标结果应用

财政部门审核的项目支出绩效目标作为申报部门预算的前置条件和项目支出预算安排的重要依据，财政部门下达的项目支出绩效目标作为项目支出预算执行和绩效评价的重要依据。

四、财政支出预算项目事前绩效评价

结合预算绩效目标管理，开展预算项目"事前绩效评价"。财政部门

(或委托第三方)组织事前绩效评价,对预算项目的绩效目标评价核定、对项目的预算资金评审,经批准后作为拨付预算资金的重要参考依据。

第二节 财政支出项目绩效评价概述

一、财政支出项目绩效评价的原则、对象和内容

如前所述,绩效评价分为事前评价、事中评价、事后评价。财政支出绩效评价(简称绩效评价、支出评价)是指财政部门和预算部门核定财政支出项目绩效目标,根据核定的绩效目标,运用科学、合理的绩效评价指标、评价标准和评价方法,对财政支出的经济性、效率性和效益性进行客观、公正的评价。财政支出项目绩效评价是预算绩效管理的重要内容之一,它贯穿财政预算绩效管理的全过程,即绩效目标管理环节与事前绩效评价、绩效运行跟踪监控管理环节与事中绩效评价、绩效评价实施管理环节与事后绩效评价环节、绩效评价结果反馈和应用管理环节。

各级财政部门和各预算部门(单位)是绩效评价的主体。预算部门是指与财政部门有预算缴款关系的国家机关、政党组织、事业单位、社会团体和其他独立核算的法人组织。

(一)财政支出项目绩效评价的原则

绩效评价应当遵循以下基本原则:

(1)科学规范原则。绩效评价应当严格执行规定的程序,按照科学可行的要求,采用定量与定性分析相结合的方法。

(2)公正公开原则。绩效评价应当符合真实、客观、公正的要求,依法公开并接受监督。

(3)分级分类原则。绩效评价由各级财政部门、各预算部门根据评价对象的特点分类组织实施。

(4)绩效相关原则。绩效评价应当针对具体支出及其产出绩效进行,评价结果应当清晰反映支出和产出绩效之间的紧密对应关系。

(二)财政支出项目绩效评价的对象

绩效评价的对象包括纳入政府预算管理的资金、纳入部门预算管理的资金以及各类财政专项资金。按照预算级次,可分为本级部门预算管理的资金和上级政府对下级政府的转移支付资金。其中部门预算支出绩效评价包括基本支出绩效评价、项目支出绩效评价和部门整体支出绩效评价。绩效评价应当以项目支出为重点,重点评价一定金额以上、与本部门职能密切相关、具有明显社会影响和经济影响的项目。有条件的地方可以对部门整体支出进行评价。上级政府对下级政府的转移支付包括一般性转移支付和专项转移支付。一般性转移支付原则上应当重点对贯彻中央重大政策出台的转移支付项目进行绩效评价;专项转移支付原则上应当以对社会、经济发展和民生有重大影响的支出为重点进行绩效评价。

(三)财政支出项目绩效评价的内容

1.绩效评价的基本内容

(1)绩效目标的设定与核定情况。

(2)资金投入和使用情况。

(3)为实现绩效目标制定的制度、采取的措施等。

(4)绩效目标的实现程度及效果。

绩效评价一般以预算年度为周期,对跨年度的重大(重点)项目可根据项目或支出完成情况实施阶段性评价。

2.绩效评价的具体内容

(1)开展事前绩效评价工作内容

核定项目绩效目标,运用"项目绩效目标指标"与项目预算资金的相关性,以及"预算项目绩效目标评价指标"的评分结果,确定项目预算资金的合理性。主要工作流程包括:结合绩效目标申报入库工作——财政部门自行组织或聘请第三方机构进行绩效评价——核定财政支出项目"绩效目标"及审核提出"项目预算资金建议安排额"——财政预算部门复核审定——财政部门确认项目入库——财政部门安排当年预算资金。

(2)开展事中绩效评价工作内容

运用核定的"项目绩效目标指标"以及"项目绩效目标评价指标"中的

"项目资金及进度计划指标"二级指标,以跟踪检验项目绩效目标设定的合理性、财政资金的使用及效率情况。主要工作流程包括:财政支出项目实施中期——财政部门自行组织或聘请第三方评价机构按核定的绩效目标和计划进度评价——提出评价建议——财政部门复核评价意见——向项目单位反馈评价意见——项目单位动态调整或整改。

(3)开展事后(重点)绩效评价工作内容

运用核定的"项目绩效目标指标"以及"财政支出绩效评价(重点评价)指标",检验财政资金的产出效果和效益,评价项目绩效目标实施的完成情况,为"绩效评价结果反馈和应用管理"环节提供真实可靠的数据结论。主要工作流程包括:财政支出项目实施完成后——项目单位绩效自我评价——财政部门自行组织或聘请第三方机构进行重点绩效评价——提出绩效评价报告书。

(4)开展绩效评价结果反馈与应用工作内容

将重点绩效评价的结果,反馈给预算部门和项目单位,并应用于以后财政资金的申报和使用过程。主要工作流程包括:根据重点绩效评价报告书——向项目单位反馈评价意见——评价结果应用(整改、公开、奖惩、与以后年度预算资金分配挂钩等)。

二、财政支出项目绩效评价指标、评价标准和方法

(一)财政支出项目绩效评价指标

1. 绩效评价指标确定原则

绩效评价指标是指衡量绩效目标实现程度的特定概念和数值。绩效评价指标的确定应当遵循以下原则:

(1)相关性原则。应当与绩效目标有直接的联系,能够恰当反映目标的实现程度。

(2)重要性原则。应当优先使用最具评价对象代表性、最能反映评价要求的核心指标。

(3)可比性原则。对同类评价对象要设定共性的绩效评价指标,以便于评价结果可以相互比较。

(4)系统性原则。应当将定量指标与定性指标相结合,系统反映财政支出所产生的社会效益、经济效益、环境效益和可持续影响等。

(5)经济性原则。应当通俗易懂、简便易行,数据的获得应当考虑现实条件和可操作性,符合成本效益原则。

2. 共性指标和个性指标

(1)共性指标是适用于所有评价对象的指标。主要包括预算编制和执行情况,财务管理状况,资产配置、使用、处置及其收益管理情况以及社会效益、经济效益等。

(2)个性指标是针对预算部门或项目特点设定的,适用于不同预算部门或项目的业绩评价指标。

共性指标由财政部门统一制定,个性指标由财政部门会同预算部门制定。

(二)财政支出项目绩效评价标准

绩效评价标准是指衡量财政支出绩效目标完成程度的尺度。绩效评价标准具体包括:

(1)计划标准,是指以预先制定的目标、计划、预算、定额等数据作为评价的标准。

(2)行业标准,是指参照国家公布的行业指标数据制定的评价标准。

(3)历史标准,是指参照同类指标的历史数据制定的评价标准。

(4)其他经财政部门确认的标准。

(三)财政支出项目绩效评价方法

绩效评价方法主要采用成本效益分析法、比较法、因素分析法、最低成本法、公众评判法等。

(1)成本效益分析法,是指将一定时期内的支出与效益进行对比分析,以评价绩效目标实现程度。

(2)比较法,是指通过对绩效目标与实施效果、历史与当期情况、不同部门和地区同类支出的比较,综合分析绩效目标实现程度。

(3)因素分析法,是指通过综合分析影响绩效目标实现、实施效果的内外因素,评价绩效目标实现程度。

（4）最低成本法，是指对效益确定却不易计量的多个同类对象的实施成本进行比较，评价绩效目标实现程度。

（5）公众评判法，是指通过专家评估、公众问卷及抽样调查等对财政支出效果进行评判，评价绩效目标实现程度。

（6）其他评价方法。绩效评价方法的选用应当坚持简便有效的原则。根据评价对象的具体情况，可采用一种或多种方法进行绩效评价。

三、财政支出项目绩效评价组织管理和工作程序

(一)财政支出项目绩效评价的组织管理

1. 财政部门

财政部门负责拟定绩效评价规章制度和相应的技术规范，组织、指导本级预算部门、下级财政部门的绩效评价工作；根据需要对本级预算部门、下级财政部门支出实施绩效评价或再评价；提出改进预算支出管理意见并督促落实。

2. 预算部门

预算部门负责制定本部门绩效评价规章制度；具体组织实施本部门绩效评价工作；向同级财政部门报送绩效报告和绩效评价报告；落实财政部门整改意见；根据绩效评价结果改进预算支出管理。

3. 第三方评价机构

根据需要，绩效评价工作可委托专家、中介机构等第三方实施。财政部门应当对第三方组织参与绩效评价的工作进行规范，并指导其开展工作。

(二)财政支出项目绩效评价工作程序

绩效评价工作一般按照以下程序进行：

（1）确定绩效评价对象。

（2）下达绩效评价通知。

（3）确定绩效评价工作人员。

（4）制定绩效评价工作方案。

（5）收集绩效评价相关资料。

(6)对资料进行审查核实。

(7)综合分析并形成评价结论。

(8)撰写与提交评价报告。

(9)建立绩效评价档案。

预算部门年度绩效评价对象由预算部门结合本单位工作实际提出并报同级财政部门审核确定;也可由财政部门根据经济社会发展需求和年度工作重点等相关原则确定。

四、财政支出项目绩效评价报告及结果应用

(一)财政支出项目绩效自评报告

财政资金具体使用单位应当提交绩效自评报告(参考格式见本章第四节"自评报告表"),绩效自评报告包括以下主要内容:

(1)基本概况,包括预算部门职能、事业发展规划、预决算情况、项目立项依据等。

(2)绩效目标及其设立依据和调整情况。

(3)管理措施及组织实施情况。

(4)总结分析绩效目标完成情况。

(5)说明未完成绩效目标及其原因。

(6)下一步改进工作的意见及建议。

(二)财政支出绩效评价报告

财政部门和预算部门(或委托第三方评价机构)开展绩效评价并撰写绩效评价报告,绩效评价报告应当包括以下主要内容:

(1)基本概况。

(2)绩效评价的组织实施情况。

(3)绩效评价指标体系、评价标准和评价方法。

(4)绩效目标的实现程度。

(5)存在问题及原因分析。

(6)评价结论及建议。

(7)其他需要说明的问题。

绩效自评报告和绩效评价报告应当依据充分、真实完整、数据准确、分析透彻、逻辑清晰、客观公正。预算部门应当对绩效评价报告涉及基础资料的真实性、合法性、完整性负责。财政部门应当对预算部门提交的绩效评价报告进行复核，提出审核意见。

(三)财政支出项目绩效评价结果及其应用

1.绩效评价结果

绩效评价结果应当采取评分与评级相结合的形式，具体分值和等级可根据不同评价内容设定。

2.绩效评价结果应用

财政部门和预算部门应当及时整理、归纳、分析、反馈绩效评价结果，并将其作为改进预算管理和安排以后年度预算的重要依据。

第三节　部门整体支出绩效综合评价概述

一、评价目的和范围

通过开展部门整体支出绩效综合评价，促进部门从整体上提升预算绩效管理工作水平，提高财政资金使用效益，保障部门更好地履行职责。各级财政部门是本级部门支出管理绩效综合评价的主体，评价范围为本级各预算部门。

二、评价内容及标准

评价内容主要是预算绩效管理工作，具体包括基础工作管理、绩效目标管理、绩效运行监控、绩效评价实施、评价结果应用、绩效管理创新、监督发现问题七个方面，评价得分采用百分制和加减分制相结合。

(一)基础工作管理

推进度(20分)，是指通过对部门组织队伍、规章制度、专家中介库、指标体系、宣传培训等基础工作的评价，反映部门绩效管理整体推进情况。

得分=(部门自评得分×40%+财政部门再评得分×60%)×20%

部门自评得分,是指部门根据财政部门制定的预算绩效管理工作考核办法,自我评价得分;财政部门再评得分,是指财政部门在部门自评的基础上,审核确认的得分。

(二)绩效目标管理

1. 申报率

申报率是指通过对部门年度实际申报绩效目标项目数与按规定应申报绩效目标项目数进行比较,反映部门落实财政部门项目绩效目标申报要求的数量情况。

申报率=实际申报绩效目标项目数/应申报绩效目标项目数×100%

应申报绩效目标项目数,是根据财政部门在布置年度预算时提出的相关要求所确定的部门应该编报绩效目标的项目数。

申报率达到年度预算布置要求的得10分。每低于要求10个百分点扣2分,扣完为止。

2. 目标覆盖率

目标覆盖率是指通过对部门本年实际申报绩效目标项目资金额与部门项目预算资金总额的比较,反映部门落实财政部门绩效目标申报要求的资金覆盖情况。

覆盖率=实际申报绩效目标项目资金额/部门项目预算资金总额×100%

覆盖率达到年度预算布置要求的得10分。每低于要求10个百分点扣2分,扣完为止。

3. 细化率

细化率是指通过对填报细化量化绩效指标的项目数、资金额与实际申报绩效目标项目数、资金额的分别比较,反映绩效目标的细化程度。

得分=(有细化量化绩效指标的项目数/
实际申报绩效目标项目数×40%+
有细化量化绩效指标的项目资金额/
实际申报绩效目标项目资金总额×60%)×5

(三)绩效运行监控

监控率是指通过对是否有项目运行跟踪监控措施,以及纳入绩效监控的项目数量比重和资金规模比重进行评价,反映部门在项目运行中实施绩效管理的水平和程度。

得分=(有无绩效监控措施)×5+
(实施绩效监控项目数/实际申报绩效目标项目数×
40%+实施绩效监控项目资金额/
实际申报绩效目标项目资金总额×60%)×5

(四)绩效评价实施

评价覆盖率是指通过部门实施绩效评价项目资金占部门项目预算资金总额比重的评价,反映部门实施绩效评价项目资金覆盖情况。

覆盖率=实施绩效评价项目资金额/部门项目预算资金总额×100%

覆盖率达到年度预算布置要求的得 20 分。每低于要求 10 个百分点扣 2 分,扣完为止。

(五)评价结果应用

应用率是指通过对部门应用绩效评价结果项目与绩效评价项目的比较,反映绩效评价结果的利用水平和程度。

得分=向财政部门报告评价结果的项目数/
绩效评价项目数×5+向被评单位反馈评价结果的项目数/
绩效评价项目数×5+评价结果内部公开的项目数/
绩效评价项目数×5+已落实整改措施项目数/
应整改绩效评价项目数×10

绩效评价项目数包括按财政部门要求开展绩效评价的项目数和部门自主开展绩效评价的项目数。

已落实整改措施包括调整预算结构、改进预算管理、整改发现问题、健全制度措施、实施绩效问责等。

(六)绩效管理创新

1. 目标管理创新

目标管理创新是指通过对部门编报整体绩效目标和申报绩效目标资金

数量、规模超过规定要求的评价,反映部门绩效目标管理创新工作情况。

2. 评价推进创新

评价推进创新是指通过对部门自主组织开展绩效评价项目数量、绩效评价项目资金规模覆盖率超过规定规模以及对下级预算单位开展整体绩效评价的考核,反映部门拓展评价模式、扩大评价范围等创新情况。

得分＝自主组织开展绩效评价项目数量(小于等于3)×

1＋(绩效评价项目资金规模覆盖率是否超过规定要求)×

1＋(是否对下级预算单位开展整体绩效评价)×3

部门每自主组织开展1个绩效评价项目为1,最高为3。是为1,否为0。

3. 结果应用创新

结果应用创新是指通过对部门将绩效结果主动对外公开、预算绩效管理工作开展情况向同级政府报告的评价,反映部门在评价结果应用方面的创新情况。

得分＝(是否主动对社会公开)×3＋

(是否将预算绩效管理工作情况向同级政府报告)×3

涉密部门不考核对社会公开因素,相应分值分别记入"评价推进创新"的3个项下。

(七)监督发现问题

违规率是指存在违规问题的绩效评价项目数量和资金金额分别占部门实施绩效评价项目数量和资金总额的比率,反映部门预算资金管理使用的合法、合规情况。

得分＝(存在违规问题的绩效评价项目数/

实施绩效评价项目数×50％＋

存在违规问题的绩效评价资金额/

实施绩效评价项目资金总额×50％)×(－10)

违规问题是指单位或个人存在违反《财政违法行为处罚处分条例》相关规定并已受到处理处罚的行为。

三、评价程序

(一)部门自评

各部门按照相关要求,开展自评工作,撰写部门整体支出绩效综合评价自评报告,报同级财政部门。

(二)开展评价

财政部门成立评价工作组,收集相关基础资料,必要时采用适当的方式开展现场评价。

(三)撰写报告

评价工作组对部门评价结果分类分析,形成部门支出管理绩效综合评价报告。对涉密部门的绩效评价工作单独组织开展。

四、评价结果和应用

(1)绩效评价结果分为优秀、良好、合格和不合格四个等级。

(2)评价结果反馈相关部门,对评价中发现的问题,责成部门进行整改。相关部门将整改结果报告财政部门。

(3)绩效评价结果在一定范围内进行通报和报告。

(4)对绩效评价结果为优秀的部门,给予激励性奖励。

第八章　财政预算资金绩效评价的指标体系

绩效评价指标体系是财政预算资金绩效评价的核心,同时也是评价、检验和鉴定财政预算资金的经济性、有效性、效率性,是反映财政预算资金所存在问题的重要手段。通过合理规范的方法,提供具有科学性与适用性的财政预算资金绩效评价技术体系,包括评价指标、评价方法与评价标准,是学术界及政府管理部门近年来尤为关注的问题。一般而言,指标体系设计需要综合考虑评价对象的特点,包括财政预算资金绩效评价的类型、属性及可操作性等因素。

第一节　财政预算资金绩效评价指标体系概述

一、绩效评价指标定义

绩效评价指标是指运用一定的评价方法、量化指标及评价标准,对职能部门为实现其职能所确定的绩效目标的实现程度,以及为实现这一目标所安排预算的执行结果进行综合性评价的工具。

二、绩效评价指标体系结构

绩效评价指标是用来衡量财政预算资金绩效目标实现程度的工具,是量化考核财政预算资金绩效状况的手段。财政预算资金绩效要求从多个方面进行系统评价,需要设计出一系列指标,这些相关指标的集合,即财政预算资金绩效评价指标体系。绩效评价指标体系中的一系列评价指标是相互关联的,构成了一种多级递阶层次结构。

(一)评价总目标

财政预算资金绩效评价要有评价的总目标,或称评价主题。各种类型的绩效评价,在目标上有一定的差异。进行绩效评价前,必须有明确的评价主体。

《财政支出绩效评价管理暂行办法》(财预〔2011〕285号)中称,财政支出绩效评价是指根据设定的绩效目标,运用科学、合理的绩效评价指标、评价标准和评价方法,对财政支出的经济性、效率性和效益性进行客观、公正的评价。

同样,财政预算资金绩效评价的目标是对财政预算资金的经济性、效率性和效益性进行客观公正的评价,可理解为财政预算资金绩效评价的主题。

(二)指标的层级结构

财政预算资金绩效评价是多目标系统评价,多目标系统评价需要对不同目标的指标进行衡量。由于财政预算资金绩效评价涉及的部门或项目较为广泛,目标是具有指向性的。因此,需要构建指标的层级结构,指导评价人员进行具体的指标设计。

1.一级指标

也称指标维度。维度是对评价对象、类型的区别,规定了评价的基本面向。通过维度区分,可使评价层面条理化,评价具有可比性。

2.二级指标

也称基本指标,或称指标内容,居于中间层次,是评价手段的体现,其作为维度的载体和外在表现,需要根据项目的种类、特点、相关度和隶属性进行编制。

3.三级指标

也称指标要素,即具体指标,或称示标,是评价内容实质性的具体表现,需要进行量化考虑。

多级递阶层次结构是多目标系统决策与评价的先进结构模型,能将一个系统的多目标层次及其影响因素之间的相互关联清晰地展现出来,并能合理分析出不同要素对隶属层级一级总目标的重要程度(权重)。评价中既能进行分层评价,又能进行综合(总目标)评价。根据财政预算资金绩效评价的系统性和评价要求,绩效指标体系构建采用多级递阶层次结构体现了科学性。

第二节 财政预算资金绩效评价指标种类

结合相关实践与研究,依据公共预算支出的特点及相关因素的影响,合理划分绩效评价指标,对财政预算资金绩效的关键评价因素把握得更加清晰,同时也更加有利于科学、有效地设计绩效指标。学术界目前比较认可的分类主要有以下几种。

按照指标的层级可将指标划分为终极指标和下级指标,乃至更多层次。根据绩效指标的内在关联及逻辑层次关系来进行分类,运用多层级指标,更加有利于准确、全面地得出评估结果。

根据指标的表述形式和属性,可将指标划分为定性指标和定量指标。在绩效指标中,定量指标主要通过数值形式来表现。还有部分指标无法通过数值形式来表现,而需要通过一些专业的或规定的语言来描述,这部分指标即稳定性指标。在财政预算绩效评价中,定量指标包含两个方面,分别是共性指标和个性指标。共性指标通常是指在公共支出项目的绩效评价或综合性较强的绩效评价中被广泛应用的相关指标。个性指标包含的内容有绩效指标和修正指标,首先需要明确具体的评价对象,然后收集、了解、整理相关的资料和信息,再根据财政支出的相关具体要求和评价对象所具备的不同特点,针对特定的指标进行设置及修正。

针对指标的具体内容,可根据项目的投入、过程、产出、效果及经济性、效率性、有效性对指标进行划分。投入类指标主要考核及评价政府公共服务项目各方面的成本投入量,比如投入的人力成本、财务相关支出、运营成本等。过程类指标主要考核及评价政府公共服务项目在运行过程中的预算制定与执行情况及质量管理和控制情况。比如,政府部门制定的质量控制管理方法及相关制度是否合理规范、预算执行是否存在偏差。尤其重点考核及评价政府公共服务项目在资金使用、预算编制、预算执行等方面的合理性、合规性、合法性等问题。产出类指标主要考核和评价政府所完成公共服务的数量及质量等情况,即政府公共服务项目产出量问题。比如,项目完成率、工程完工程度、污染企业整治量等。效果类指标主要评价及考核政府公共服务对既定计划的完成情况,能够直观地反映政府绩效目标完成情况,比如定点帮扶工作任务完成情况、城市绿化条件改善比率、重大安全生产事故降低比率、雾霾天气减少比率等。

经济性指标主要考核及评价政府公共服务项目完成过程中的成本控制情况,例如,城市公共交通运输工具每千米的运营成本降低多少,每年公共设施维护成本降低多少等。效率性指标主要考核及评价政府提供公共服务的产出比,例如公诉案件完成效率、政府对受访工作接待人员数量的投入与上访群众数量的比例等。有效性指标主要考核及评价财政支出的目标是否完成以及完成程度如何。另外,将投入与产出进行对比分析,往往是将效率及效果因素放在一起进行结合、统筹分析,例如,是否批准街道门牌整改方案的预算等。

一、按指标的适用范围划分

按指标的适用范围,绩效评价指标可分为共性指标和个性指标。

共性指标是适用于所有评价对象的指标,主要包括预算编制和执行情况,财务管理状况,资产配置、使用、处置及其收益管理情况,以及社会效益、经济效益等。

个性指标是针对预算部门或项目特点设定的,适用于不同预算部门或项目的业绩评价指标。共性指标由财政部门统一制定,个性指标由财政部门会同预算部门制定。

二、按指标的属性划分

按指标的属性,绩效评价指标可分为主观指标和客观指标。

(一)主观指标

主观指标也称感觉指标,是指难以直接度量或计数取值而只能凭评价人员或者受访人的感受、评价确定其量的指标。

1. 主观指标的内容

主观指标同样具有主观性和客观性。主观指标的主观性是指主观指标形成和测量过程中因渗入人的主观因素而产生的因人而异的差异性,而不是指它的测量结果来自主观感受。主观指标也是由具有不同特征的人设计提出并进行测量的,在主观指标概念设计和指标值测量过程中,不可避免地要受到个人主观因素的影响;影响的结果,表现在指标映射内容偏误和指标值的偏差上。这一点,与客观指标的特点是一致的。

主观指标也具有客观性。主观指标虽然反映的是人们的主观感受,但主观感受不可能完全背离客观实际。因为主观指标反映的不是某个个别人的主观感受,而是反映一个群体的主观感受。如果说个别人与人之间对某一事物的主观感受会有差异,甚至个别人会故意造成误差,但是综合平均大批人对同一事物的主观感受,其结果就会趋于某种一致性,这种一致性恰恰反映了民众中一种共同的、客观存在的心理状态。从这个意义上说,主观指标也具有客观性。实际上,主观指标的客观性与客观指标的客观性从本质上说并没有什么区别。分析主观指标的主观性与客观性意义在于:要正确地认识、对待和评价主观指标,大胆地使用主观指标,赋予主观指标在社会经济统计指标体系中应有的位置。

我国目前在社会经济统计领域中,对主观指标的采用还比较谨慎,与客观指标比较,数量还很少,而国外在社会经济统计和评价中,较多地采用了主观指标。他们认为,主观指标灵活敏感,特别是对社会状况、社会运行好坏方面的评价最及时、最有说服力,而且它还可以说明一些社会问题的原因。

在我国,阻碍主观指标的应用,除认识原因外,还因为主观指标的设计伸缩性大,容易触及社会敏感问题,指标值不稳定、不易测量,量化方法也不那么简洁,在指标值比较上也有一定障碍等。

2. 主观指标的缺点

客观指标的缺点使研究者和管理者将重点放到了绩效测量的主观指标上。事实上,在许多现实情景中,主观指标是主要的绩效评价指标。当然,由于主观测量依赖于人的判断,容易出现与判断过程相联系的某些错误,常见的错误包括评价太宽或者太严、趋中倾向、光环效应、对比效应、近期效应、邻近性偏见;另外,评定者与被评者之间的关系也是影响绩效评定的一个因素。

(二)客观指标

客观指标是指可以通过直接可量化的数据来反映绩效水平的指标。它是对绩效的客观反映,一般都通过统计指标直接表现出来。

1. 客观指标的分类

客观指标又可分为两类:一类是生产指标,如一定时间内的产量;另一类为人事指标,如工伤事故的发生率及其严重程度。

2. 客观指标的缺点

客观指标最大的缺点是缺乏信度(工作绩效在时间上的稳定性)。有研究表明,工作者自身的客观绩效指标在不同时间的差异大于工作者之间的差异。比如事故率,当工人刚开始操作引进的设备时,事故率会较高,而过段时间后,经验的积累使事故率大大降低。如果拿设备刚引进时的事故率作为绩效指标,则会低估工人的绩效。另外,客观指标易受组织环境特性的影响,如汽车配件生产线上某个工人的产量是由整条生产线的运行速度来决定的,这样的指标也就无法区分生产线上不同工人的工作绩效。事实上,许多客观指标常常是由工作者本人所无法控制的环境因素决定的,因为客观测量的重点不在于行为,而在于行为的结果。更为重要的是,在许多工作中,根本就没有良好的客观绩效指标。因此,尽管从表面上看,客观的绩效测量是很有吸引力的,但在理论和实际上的限制常使之不适用。

(三)主观指标与客观指标的联系

主观指标和客观指标是同一社会发展的不同表现,主观、客观之间既有联系又有区别,在具体测量时不能只注重客观指标而忽视主观指标。如要评价一个地区的社会治安状况,一方面可以通过犯罪率等客观指标来表现,另一方面还需要用人们对于治安环境的态度的主观指标予以测量,二者缺一不可。

三、按指标的考核内容划分

按指标的考核内容,绩效评价指标可分为过程性指标和结果性指标。

(一)过程性指标

过程性指标的过程是相对于结果而言的,以行为过程为导向。过程性指标并非只关注过程而不关注结果的评价,而是具有手段和效率含义的指标。

完整的统计指标包括以下内容。

(1)确定指标名称,包括两个方面:一是规定指标概念的内涵,以明确哪些应当计入,哪些不应计入;二是规定指标的外延,以明确指标的总体统计范围,说明所反映现象数量特征的性质和内容。

(2)明确统计的时间界限和空间范围。任何事物和现象都存在于一定的时间和空间。因此时空标准是统计设计的重要组成部分。其中,空间标准可以根据需要,采用地区范围或管理范围;时间标准则应根据统计对象的特点,采用时点标准或时期标准。

(3)确定量化尺度和计量单位。客观对象的性质和人们的认识能力,决定了对于不同的现象应采用不同的量化尺度。在统计中常用的量化尺度从低到高依次为定类尺度、定序尺度、定距尺度和定比尺度;统计指标的计量单位主要有实物单位、货币单位和时间单位,一般根据指标的性质和要求来选取。

(4)明确指标的计算方法。计算方法因指标而异,有的统计指标只要确定概念的内涵和外延之后,统计方法也就随之确定,不必再专门规定计算方法。一些汇总性的总量指标即如此,如土地出让总面积、土地增值税总额等。

(二)结果性指标

结果性指标通常以行为后果为导向,易于衡量,但难以改善或影响,是具有目的和效能含义的指标。

第三节 财政预算资金绩效评价指标设计原则

财政预算资金绩效评价指标要针对特定事项与目标、特定环境与时间来选取,并且存在着一定的地域差异,也会根据政策、环境、时机等条件变化,所以选择具体使用的合理指标具有一定难度。而这又是绩效评价实践中至关重要的环节,直接影响到绩效评价的结果。为了选取候选指标,须确立一套完整绩效评价指标的设计原则以筛除候选指标数量,关注少量重要指标。这样一方面可确立战略和政策目标,另一方面也便于与社会公众之间的沟通交流。评价对象的性质及特征必须在财政预算资金绩效评价指标中得到充分反映,评价的基本内容得到体现,以各项主要指标为主,建立联系紧密、相互补充、公正客观的体系结构。

一、指标设计总原则

(一)科学性原则

指标体系的科学性是保证评价结果准确性及合理性的基础,一项评价活动在指标、标准、程序等制定上是否科学,很大程度上决定了其本身是否具备科学性原则。

指标体系的科学性主要包括以下内容。①精确性及统一性。指标一定要有精准的定义,概念也要清晰明了,尽可能避免或者减少主观判别,做到相对客观,结合定性和定量的方法、对无法量化的考核评价因素进行指标设置。应该科学合理地设置指标体系的结构与层级,其各层级内部的同级指标之间也应做到统一和谐。②特征性。指标能够将考评对象的特征及含义反映出来。③完备性。指标体系要依据考评目标的真实情况,公平、公正、客观地进行评价,不可遗漏重要的事项或者有所偏颇。

④独立性。各个指标内涵可有所联系但不能产生重叠,在全方位地考评对象时,绩效指标体系的各个指标要具体细化,指标之间不能出现过多的交叉包容信息,也要尽量避免各个指标之间有所涵盖或重叠。

(二)实用性原则

理论研究都是服务于实际应用的,所以设计的指标体系应该做到适应评价方法及方式,要求考虑现实的可行性;要适应信息基础,有利于指标使用者理解关于指标的概念和功能,也应符合评价活动中对成本及时间的制约要求。绩效评价作为一项实践性非常强的工作,指标体系符合实用性原则,才能基本保证绩效评价的实施效果。简单来说,指标体系的实用性主要包括以下两个方面。一是要精练简明。面对一项既重要又需要较多理论研究及实践经验的任务,要把一些精练简单同时又能体现问题本质的指标提炼出来,因为一套指标体系包含多项指标。指标,即指对初始资源的转化和提炼。为了确保评价的准确性,指标数量也不宜过多,切不可过于烦琐。这样制定有助于把控整体方向,把握考评对象本质,避免陷入过多的细节问题中。同时,精练简明的指标能够有效缩短评价的时间及成本,更便于进行绩效评价。二是要便于理解。指标常常被鉴证专家、评估人员、决策人员、管理人员及公众等多方人员使用,所以,便于理解的指标,可以使评价和判定及对所得结论进行交流的高效、准确性得以保证。

(三)相关性原则

绩效评价指标应当与绩效目标有直接联系,能够恰当反映目标的实现程度。

(四)重要性原则

应当优先使用最具代表性、最能反映评价要求的核心指标。

(五)对比性原则

对同类评价对象要设定具有共性的绩效评价指标,以便评价结果可以相互比较。

(六)系统性原则

应当将定量指标与定性指标相结合,系统反映财政支出所产生的社会效益、经济效益、环境效益和可持续影响等。

(七)通俗性原则

绩效评价指标应当通俗易懂、简便易行,数据的获得应当考虑现实条件和可操作性,符合成本效益原则。

二、指标设计程序

在参考相关理论和经验的基础上,可以总结出指标选择的程序大致包括以下四个步骤。

(一)根据指标框架总体要求列出候选指标

由于指标体系的构建需要包含多种要素,所以程序相当复杂,选择指标的前提是建立一个完整的框架,以此把评价的使命和战略落实到具体的明细指标上,这对于理解不同要素之间的相互关系以及指标与政策战略之间的相关性具有重要意义。然后,在此框架下添加可供选取使用的所有指标,从各个角度及各个层面来浏览,并通过明确指标之间的关系以保证整个体系在逻辑上的合理性与完整性,并保证所有想法和较为重要的方面都被考虑在指标体系之内。同时,还要考虑到可以在后续步骤里被检验、比较的需要,要保证指标之间的可比性。在选择候选指标的时候,可以参阅相关的政策法规,广泛征求群众意见和咨询专家学者,以及吸取使用过相似指标的单位的经验教训。对于某些特殊指标,如环境保护指标,必须参考某些生态学和生物学文献资料,以及衡量特殊物种和生物多样性的生态健康指标。

(二)测试和评价候选指标

在做出选择之前,应当根据所选取指标的具体目标及相关要求,确定一套用于评价候选指标适用性的原则或标准。除此之外,对指标的评价过程一般是在某个实际测试或多个试点的基础上进行的。相对来说,这个过程较长,同时还要投入一定的人力、物力。试点单位的选择也需经过缜密考虑,针对各种目标不同的绩效评价项目,选取具有合适的地域和发展水平的财政部门。对试点的结果也应及时进行汇总比较,以便根据实际情况适当调整被测试指标和试点方案,做到因地制宜。

(三)在众多候选指标中挑选出最合适的指标

经过对候选指标不断测试及调整后,依据指标选择的评价原则,首先对候选指标进行评价,随后按优先程度进行排序。不同的指标存在差异性和多样性,很难确定一个最好的方式来选取最适合的指标,所以"公众参与"作为一个补充程序被引进到指标选取的过程中,让评价结果所关联的群体来评价指标的质量。此外,由于指标的选择需要一定的时间和资源的投入,故被选择的指标应当是能够符合信息需要的、成本合理的指标。也就是说,在最合适的指标选择过程中,要在信息需求和成本之间寻求一个平衡点。过多的成本投入和时间投入是不符合最佳指标选择的相关要求的。

(四)在应用中持续改进指标体系

最终选取的指标被运用到绩效评价实践中,但这并不是指标选择程序的结束。从长远角度来看,这应当只是选取和运用指标的开始。在运用的过程中,不断改进和提升指标体系的适用性与实用性是一个漫长且持续的过程,这将贯穿指标使用的整个过程。首先要建立一个信息反馈系统,收集和汇总在应用过程中发现的问题,并针对不同情况予以解决或者适当调整指标体系。这个过程与测试调整过程大有不同,这个过程运行的范围更大,且是在实际应用过程中所进行的再提高,将要面临的问题更加复杂多样。只有在实际应用中不断进行调整,指标体系才能逐步完善,从而实现绩效评价的最终目标。

三、分级指标设计

对于初次进行指标设计的评价人员,可以参考财预〔2011〕285号文件或者财预〔2013〕53号文件的指标体系设计框架展开设计。财预

〔2013〕53号文件指出,参考框架模式主要用作设置具体共性指标时的指导和参考,即要根据具体绩效评价对象的不同,在其中灵活选取最能体现绩效评价对象特征的共性指标,也要针对具体绩效评价对象的特点,另行设计具体的个性评价指标,从而形成完善的绩效评价指标体系。

根据不同的评价对象,可以先行设计出适用于某个行业或种类的共性指标框架,再针对评价对象特点设计具体个性指标。

(一)一级指标的设计

一级指标及评价指标体系中的绩效维度,是基于财政绩效评价主题("3E原则")对评价层面的具体化和条理化,也是指标体系中的大结构框架。

财政项目本质上是办事的行为,绩效评价包括行为过程和行为结果两个方面。就行为过程而言,需要考评项目投入是否满足经济性要求,过程是否合规、合理;就行为结果来说,需要考评行为结果是否达到了预期目标,投入产出活动是否具有效率以及结果产生了哪些影响(包括经济、环境、社会等)。

将"3E原则"与项目行为和过程的两个方面相结合,即可完成绩效维度的设计,财预〔2011〕285号文件的绩效维度项目决策、项目管理、项目绩效,大致对应了经济性、效率性和效益性,又有行为过程和行为结果的指向。在财预〔2013〕53号文件中,绩效维度设计为投入、过程、产出、效果,其设计逻辑为:投入与过程对应的是经济性,过程与产出对应的是效率性,产出和效果对应的是效益性,而行为过程和行为结果在指向上更为明确。

建议现阶段财政项目绩效评价、绩效维度可按财政部上述两个文件的一级指标确定,一般来说,财预〔2011〕285号文件中的三个维度比较适合对初次投资或一次性财政支出项目的评价,财预〔2013〕53号文件中的四个维度比较适合对连续投资和政策性财政支出项目的评价。

(二)二级指标的设计

二级指标也称基本指标,是对一级指标评价基本面向的具体化,可以理解为每个绩效维度评价的内容。财政部绩效评价共性框架中二级指标列示的即是不同绩效维度相关评价内容的具体指向。设计时,应根据评价对象及项目的特点,明确关键问题,尽量做到不重不漏。在此基础上进行合理的调整,也可直接采用。

(三)三级指标的设计

三级指标也称指标要素,是二级指标评价内容的具体表现,大多数需要根据评价对象所属领域和项目特点进行个性化设计,往往需要评价人员自主确定。三级指标是综合评价定量结论产生的来源,需要有指标评分结果。因此,涉及要求有指标解释和说明,即指标值如何产生。具体来说,对客观指标要有直接量化的计量方式,对主观指标要有量化方法的说明。

第九章　财政预算绩效评价

　　财政预算绩效评价是为了避免政府掌管的公共资金和公共资源出现浪费，为了避免政府运行效率降低而出现的。当前，我国步入全面实施财政预算绩效评价时期，绩效评价逐步形成系统性、专业性、协同性的特点，绩效评价成为全过程绩效管理的核心环节和全过程绩效管理的重要抓手，同时也是财政资金总量紧缺的调节工具和提升资金利用效益的监督手段，有力地推动了财政资金考核、财政决算与绩效评价的一体化实施，进而促进了预算管理与绩效管理一体化实施。财政预算绩效评价的实施包括确定绩效评价目标、基本原则、评价依据、执行主体、评价对象、评价内容、评价过程、评价方法、撰写报告、结果运用等一系列工作。绩效评价的直接目标是不断优化财政资源配置效率，提高财政资金的使用效益，促进单位整体、项目整体绩效的共同提升，包括经济性、效率性、效果性、环保性、公平性方面。绩效评价狭义参与主体包括财政部门、预算部门、预算单位，广义参与主体还包括人大和执行评价的第三方机构，围绕参与主体需要建立单位自评、部门评价和财政评价各有侧重又有衔接的绩效评价主体工作机制，以及建立财政部门与外部监管机构需求的联动机制，即推动建立与人大、政协、纪检监察、审计等不同部门实施绩效监督的联动机制。绩效评价的总体对象为部门（单位）预算管理的财政性资金和上级政府对下级政府的转移支付资金。项目支出绩效评价基本内容包括评价决策情况、资金管理和使用情况、相关管理制度办法的健全性及执行情况、实现的产出情况、取得的效益情况等方面。部门（单位）整体支出绩效评价的基本内容包括评价投入管理的有效性、评价部门（单位）的整体产出情况、整体实现效益情况。评价过程中应坚持科学公正、统筹兼顾、激励约束、公开透明等原则。

第一节　财政预算绩效评价的意义

财政预算绩效评价是实施绩效管理的重要工作环节和工作抓手。当前财政预算管理体系不断完善,预算管理领域不断深入,预算管理方法越来越科学,预算管理已经成为深化财税体制改革,建立现代财政制度,不断推进国家治理现代化的重要手段。为了进一步强化财政预算管理在国家治理体系中的作用,特别是在当前统筹推进中国特色社会主义事业"五位一体"总体布局和"四个全面"战略布局的背景下,深化供给侧结构性改革成为发展主线,更加注重提高发展质量和效益,财政预算管理被赋予了更加神圣的时代使命。在财政预算管理中融合财政绩效管理,推进预算管理与绩效管理的一体化实施,有利于把有限的财政资金分配到更高效的领域,提高公共服务供给的质量和效率,不断满足经济高质量发展的需要,这既是优化财政资源配置、提升公共服务质量的关键举措,也是推动高质量发展的基本要求,更是推进国家治理现代化的内在要求。绩效评价作为绩效管理的有效组成部分,在财政管理领域得到了广泛重视和快速实施。

一、财政预算绩效评价的历史

绩效评价的雏形是早期的人事考核,真正意义上的财政绩效评价是在 19 世纪末 20 世纪初出现的,对政府的绩效评估这一做法得到了定期实施,陆续被其他政府部门所借鉴采用,并将预算绩效评价作为政府绩效评估的核心领域加以推广实施。

因此,财政预算绩效评价的起因是为了避免政府掌管的公共资金和公共资源出现浪费,为了避免政府运行效率降低而出现的。从理论上来看,就是为了顺应政府职能调整和顺应公共理念更新引发完善公共产品供给的需要,促进政府改革而产生的。

二、财政预算绩效评价的性质

财政预算绩效评价是指评价人员依据政府、预算部门(单位)设定的财政预算绩效目标,在预算主体履行职责或项目实施完成之后,通过设置一系列评价指标,采用系统化、专门化的评价方法,对照事先既定的评价标准,客观、公正地对预算主体单位或项目绩效的经济性、效率性、效果性、环保性和社会性进行测量、评定的活动,并且将评价结论反馈给被评价单位的过程。绩效评价考核是绩效管理的重要环节,是对预算项目绩效的事后监督和评价,绩效评价是做好结果运用的重要基础,对于后续进一步改进绩效目标管理具有重要的参考作用。

目前,我国正在积极推进财政预算管理与绩效管理一体化实施,要求在财政预算资金项目编制决算之后,对资金项目的绩效进行评价,即做到资金决算、预算考核与绩效评价一体化实施,作为下一步预算结果考核的依据。

财政预算绩效评价具有如下性质。

(一)绩效评价是全过程绩效管理的核心环节

绩效管理的全过程包括建立绩效评估机制、强化绩效目标管理、做好绩效运行监控、开展绩效评价和结果应用四个相互连贯的工作环节,这四个环节有机组成绩效管理体系,缺一不可。绩效评价是绩效管理全过程的事后管理环节,是在财政预算项目实施完成后,对其最终的绩效实现程度进行评价。财政部门每年都会根据当前中央部署的重点领域、重大政策落实领域、民生热点焦点领域、财政重点支持领域等方面的资金项目集中组织实施绩效评价工作,并科学运用评价结果。因此,绩效评价是推进绩效管理的核心工作。

(二)绩效评价是全过程绩效管理的重要抓手

由于绩效评价结论可以客观反映政府财政、部门财政、单位财政、项目资金绩效目标最终的、真实的实现程度,既可以成为财政部门对各级预算主体进行奖惩的考核依据,也可以作为社会公众对预算主体运行绩效的认可依据，还可以作为新一轮财政资金安排的调整依据，甚至还可以作为各级预算主体单位负责人晋升任免的依据，因此各种预算主体及其单位领导必然非常重视这项工作，以免评价结论不理想而影响自身利益。这样一来，财政部门就可以通过实施绩效评价，利用绩效评价与预算主体利益密切挂钩的关系，逐步推动各预算主体主动做好绩效目标设定、绩效运行监控等前端工作，从而逐步推进全过程的绩效管理，融合推进绩效管理与预算管理的一体化实施。

(三)绩效评价是财政资金总量紧缺的调节工具

由于绩效评价对预算主体绩效实现程度具有总结性的定论作用，往往会被财政部门用来作为新一轮资金安排和预算批复的参考依据，利用其绩效评价结果的好坏，作为调节安排预算资金的工具或杠杆。财政部门可以对绩效评价结果不理想、评价等级差、存在问题多的预算主体，在安排和批复新一轮预算资金时缩减其资金额度，将更多的资金用到国民经济建设中的重点领域、绩效评价结果优异的预算主体或项目中，促进财政资金在新一轮的执行中获得更多满足社会公众需求的产出。

(四)绩效评价是提升资金利用效益的监督手段

绩效评价可以全面分析评定财政预算主体资金预算的科学性、资金安排的合理性、资金管理的有效性，更可以客观反映预算主体履行职责或项目实施后的产出规模、产出质量、产出成本状况，以及实现的经济效益、生态效益、社会效益、可持续发展、公众满意情况。它能够清晰地发现资金使用过程中存在损失浪费、效率低下的问题，帮助预算主体进一步改善财政资金的管理水平，不断提高财政资金的使用效益。

三、财政预算绩效评价的特点

一是系统性。绩效评价是站在对预算主体或预算项目整体管理层面，以提高单位或项目绩效的角度来设计的一种事后监督活动，它把组织发展战略导向目标、部门发展目标、项目活动目标、团队工作目标和个人行动目标有机地结合起来，建立下一级目标为上一级目标服务并与上一级目标保持高度一致的动力机制、关联机制和牵制机制,形成一种典型的系统结构关系,是一个系统化、专业化、层级化的评价活动。

二是专业性。绩效评价具有很强的专业能力要求,绩效评价要求评价人员掌握财政预算管理、项目管理、业务经营管理、财务管理等多种专业技能知识,尤其是要掌握与项目有关的工程技术能力,才能够得以顺利实施。除此之外,绩效评价还要求评价人员具备良好的计划能力、沟通能力、督导能力、评价能力和协调能力。因此,绩效评价的专业性特点非常明显。

三是协同性。绩效评价本身是绩效管理活动的一种方式或途径,它既与绩效目标管理、绩效运行监控紧密联系,又与单位的战略管理、计划管理、业务管理、技术管理、人力资源管理等各个方面相互依存、相互促进。一方面,绩效评价要对这些管理活动的绩效情况进行监督和评价;另一方面,绩效评价的结果可以被其他管理采用并加以改进,最终与其他管理共同促进单位或项目绩效的整体提升。

四、财政预算绩效评价的意义

实施财政预算绩效评价具有如下重要意义。

(一)实施绩效评价有利于贯彻落实《中共中央国务院关于全面实施预算绩效管理的意见》战略部署

当前,围绕《中共中央国务院关于全面实施预算绩效管理的意见》部署要求,财政部门把推进预算管理与绩效管理一体化实施作为重要措施,推行财政项目入库与事前绩效评估同步一体化、预算资金申请审批与绩效目标管理同步一体化、预算资金执行监督与中期绩效运行监控同步一体化、预算项目资金决算与事后绩效评价同步一体化工作,将绩效管理全面融入财政预算管理的各个环节之中。

(二)实施绩效评价可以大力推进国家治理能力的提升

财政管理是国家治理体系的重要组成部分,财政管理水平的高低影响着国家治理能力与水平。在财政管理中,包括绩效评价在内的绩效管理工作是其发挥监督、评价等治理作用的重要渠道和重要工具。因此,绩效评价的效果也就反映了财政管理的效果,从而传导到财政对国家治理能力与水平的效果中。

(三)实施绩效评价可以有效优化财政资源的配置效率

长期以来,财政预算资金下达以后缺乏一个有效的监督问责机制,对于财政资金的执行效果、产出效益缺乏科学的评价机制,财政资金的配置和审批,往往依据资金项目在政策执行中的紧迫程度、经济社会发展重要程度,而没有依据资金项目单位的管理水平与能力,也没有依据项目资金的历史产出和效益进行分配。实施绩效评价可以弥补这一不足,对于预算资金执行能力低、使用效益差的单位,将减少预算资金分配,甚至取消对其资金的分配,将更多的财政资金安排到管理水平高、产出效益好的预算单位和项目领域。因此,绩效评价可以促使在分配财政资金资源时,不仅能够顾及政策重要性和经济社会作用大小的因素,还能够兼顾资金项目的管理水平和产出效益因素,使得财政资金分配更加科学合理。

(四)实施绩效评价可以不断提高财政资金的使用效益

通过开展绩效评价,财政部门可以分析、发现财政预算资金使用过程中存在的各种问题,包括是否存在损失浪费、挪用占用、产出不足、效率低下、公众不满意等诸多问题,查明存在问题的原因,并提出改进建议和措施,将这些问题与建议及时反馈给被评价单位,促进项目单位在下一个阶段的资金使用过程中避免这些问题的发生,进一步改善财政资金的管理水平、提高财政资金的使用效益。

五、财政预算绩效评价的趋势

随着我国财政预算管理与绩效管理工作"一体化"的强力推进和深入实施,绩效评价工作将持续围绕构建以国内大循环为主体、国内国际双循环相互促进的新发展格局,围绕财税体制改革和建立现代财政制度的需要,遵循全面绩效管理的要求,统筹实施全方位、全覆盖和全成本绩效评价等攻坚工程,形成法规制度体系严谨、运行机制高效协调、操作规范指引科学、结果运用公认可信、绩效生态循环良好的高质量绩效评价体系,绩效评价工作将步入全面化、法治化、常态化、规范化、导向化和信息化的发展轨道。

(一)统筹实施三大强本固基的攻坚工程,实现预算绩效评价的全面化

在深入推进绩效评价的将来,我国将统筹实施全方位绩效评价为重点推进工程、全覆盖绩效评价为扩面增点工程、全成本绩效评价为提质增效工程,形成全方位、全覆盖、全成本的高质量绩效评价工作格局,实现绩效评价工作的全面化。

第一,实施全方位绩效评价的重点推进工程,即实施探索政府财政运行综合绩效评价、完善部门整体支出绩效评价、健全重大政策和项目支出绩效评价为重点推进工程,完善全方位预算绩效评价体系。

第二,实施全覆盖绩效评价的扩面增点工程,即实施健全一般公共预算绩效评价体系、完善政府性基金预算绩效评价体系、健全国有资本经营预算绩效评价体系、探索社会保险基金预算绩效评价体系的扩面增点工程,着力推进预算绩效评价全覆盖。

第三,实施全成本绩效评价的提质增效工程,试点开展对财政预算项目全成本绩效分析与评价。

(二)科学构建两层体系严谨的法规制度,实现预算绩效评价的法治化

随着绩效评价工作的深入推进,确立"依法评价"的理念将显得非常重要。主要渠道是建设层级分明、指引全域、相互衔接、约束有效的法律法规体系和规章制度体系,确保绩效评价工作有法可依、有纲可援、有章可循,提高绩效评价工作的合法性和权威性,实现绩效评价工作的法治化。即建立完善预算绩效评价的法律法规体系、规章制度体系的两级法制保障体系,推崇"依法评价"的理念,促进绩效评价工作的法治化。

第一级:法律法规建设。完善《中华人民共和国预算法》及其实施条例关于绩效评价的相关规定,或发布实施专门的绩效评价相关法律或条

例法规,作为绩效评价全局工作应予遵循的最高法律依据。

第二级:规章制度建设。建设财政预算绩效评价的组织管理制度、业务管理制度、监管督导制度、激励考核制度,以及与有关部门、其他财政业务相互衔接的协调制度。

(三)优化完善两项高效协调的运行机制,实现预算绩效评价的常态化

主要包括建立和完善单位自评、部门评价和财政评价的绩效评价主体分级实施负责的工作机制,并积极引入第三方,确保绩效评价成为财政管理中一项长期的经常性工作。同时,推动建立财政部门与人大、纪检监察、审计等不同绩效监督主体的联动机制,促进形成财政绩效评价主体与绩效监督主体协同实施、共享结果的局面,实现绩效评价工作的常态化。

这实质上就是建立两种运行机制,第一种是绩效评价主体(即财政预算的各级主体)的工作机制,第二种是绩效监督主体(即财政与财政外部有关监督机构或部门)的联动机制,形成稳定、协作的绩效评价工作制度。

(四)系统建立三类指引科学的作业标准,实现预算绩效评价的规范化

加强绩效评价工作的规范化和标准化建设,也是今后的一个重要任务。财政部门将会陆续出台预算绩效评价的组织规范、道德规范、业务规范、技术规范、流程规范和质量控制规范六种刚性的作业标准;建立分行业、分领域、分项目的评价指标共享库;建立绩效评价国家和省级至少两级的多维行业绩效标准。确保绩效评价有规可守、路径清晰、方法科学,提升绩效评价工作的执行力,实现绩效评价工作的规范化。具体如下。

1. 操作规范建设

建设绩效评价的组织规范、道德规范、业务规范、技术规范、流程规范和全过程质量控制规范六种刚性的业务操作指导规范。

2. 指标体系建设

围绕经济高质量发展的基本原则和基本政策,以及财政资源配置效率,开拓绩效评价发展观念、发展目标、发展任务、发展模式、发展动力、发展战略和发展形势(形式)的新境界,构建融合经济发展、开放程度、生态

文明、以人为本、城乡建设、文化建设多维度的高质量发展绩效评价指标体系,建成不同行业、不同资金、不同项目的绩效评价指标库,形成经济高质量发展的竞争力核心评价体系,不断提高贯彻新发展理念、提升新发展格局的能力和水平。

3. 评价标准建设

建成国家和省级至少两级不同行业绩效评价标准体系,充分利用计划标准、行业标准、历史标准等,多维度分析、多层次评价绩效完成程度,增强绩效评价意见和结论的客观性和权威性。

(五)切实加强"六向"公认可信的结果运用,实现预算绩效评价的导向化

绩效评价在今后财政预算管理中将发挥更加重要的作用,尤其是绩效评价在财政治理中逐步呈现出"指挥棒"作用。这一作用可以通过六个方向综合运用绩效评价的结果来体现:

第一,反馈绩效评价结果和意见,强化预算单位建立整改制度,制定整改方案或台账,落实整改措施,报告整改效果,财政部门同时加强对整改的督促和检查。

第二,实行绩效评价结果与政策调整、管理改善、预算安排挂钩。在预算安排中,特别注意对低效无效资金的削减或取消,对沉淀资金一律按规定收回并统筹安排。

第三,利用绩效评价结果推动预算部门、预算单位科学制定、建立完善本部门本单位的成本定额、支出标准体系。

第四,利用绩效评价结果为内控建设、内部审计、财会监督形成监督意见提供参考。

第五,推进绩效评价结果与政府考核和干部考核衔接,作为人大、上级、社会对政府和干部考核的主要依据之一。

第六,加大绩效信息公开力度,推动绩效评价结果向社会公开。

(六)精心培育一种循环良好的绩效生态,实现预算绩效评价的信息化

推进预算绩效评价信息系统平台建设,纳入预算绩效管理信息系统,

并整体融入财政核心业务一体化信息系统中,这是今后绩效评价工作一个重要的基础建设任务。包括:构建并完善由绩效事前评估信息、绩效运行监控信息、绩效评价信息组成的良好绩效信息生态系统,按照绩效信息贯通、绩效目标一致的原则,保持生态系统各要素之间自动衔接、高效融合、自我修复、自我平衡的良性循环,实现绩效评价工作的信息化。

利用信息系统构建推动绩效评价融入财政管理的业务体系中,其过程是:建立绩效评价信息管理系统——纳入绩效管理信息系统——纳入财政管理核心业务一体化信息系统。

1. 绩效信息生态系统的构成(或要素)

由绩效目标事前评估、绩效运行事中监控、绩效评价的信息系统组成。

2. 绩效信息生态系统的组建原则

信息连贯、目标一致原则。①信息连贯原则,就是绩效管理中三个环节上产生的绩效信息在任何环节都可以得到连续使用;②目标一致原则,即绩效目标是贯穿绩效管理全过程的核心信息,应在绩效管理全过程中保持一致,它虽然是在绩效目标管理环节设置的,但成为实施绩效运行监控和事后绩效评价对照的根本评价标准,这样将减少绩效评价过程中设计指标、设计标准的过程,大大提高绩效评价工作的效率。

3. 绩效信息生态系统的运行要求

绩效生态系统各组成要素之间相互衔接、相互协调、相互促进、相互平衡,增强绩效生态的自我平衡、自我修复、自我完善和自我提升能力,实现绩效生态系统的良性循环。在此基础上,利用绩效评价信息系统精准对接绩效管理信息系统,以信息化推进绩效管理现代化,加强绩效管理各项制度的系统集成、协同高效,整体融入财政核心业务一体化信息系统中,使之成为财政业务一体化的重要组成部分,实现绩效评价工作的信息化。

第二节 财政预算绩效评价的目标

目标是行动的方向和指南针,绩效评价目标是在特定的社会历史条件下实施绩效评价活动最终可以达到的结果,是指引整个绩效评价活动的行为方向,受到上层建筑和经济基础的影响和制约,必须服从和满足上层建筑和经济基础的需要。因此,绩效评价一系列的工作过程和行动都需要围绕评价目标来实施。

一、绩效评价目标的定义

绩效评价目标就是评价单位和评价人员采取一定的方法与程序,通过收集被评价绩效真实状态的证据,对照既定的评价标准,进而得出评价对象绩效实现程度的结论。简单而言,绩效评价目标就是对评价对象绩效实现的程度发表意见。因此,绩效评价目标主要回答"开展绩效评价应该实现一个什么结果"的问题。

二、绩效评价的总体目标

开展绩效评价工作是财政部门贯彻落实中共中央国务院全面实施预算绩效管理的战略部署和《中华人民共和国预算法》及其实施条例的重要举措。通过开展绩效评价,以高质量发展为主题,以深化供给侧结构性改革为主线,以改革创新为根本动力,其目的是通过考核提高预算主体和实施项目的工作效率与效果,不断优化财政资源配置效率,提高财政资金的使用效益,促进单位整体、项目整体绩效的共同提升,进而逐步探索和形成具有中国特色的绩效评价体系,促进财政预算管理科学化和精细化,深化财税体制改革,建立现代财政制度,不断推进国家治理现代化。其中,不断优化财政资源配置效率,提高财政资金的使用效益,促进单位整体、项目整体绩效的共同提升,是绩效评价的直接目标;促进财政预算管理科学化和精细化,深化财税体制改革,建立现代财政制度,不断推进国家治理现代化是绩效评价的间接目标,也是最终目标。

三、绩效评价的具体目标

在绩效评价目标中最为关键的就是要对绩效实现程度进行评价并得出结论,而绩效实现程度体现为评价对象的经济性、效率性、效果性、环保性、公平等五个方面,这五种目标的英文单词都是以"E"开头的,故也称为"5E"目标。

(一)经济性(Economy)

反映在获得一定数量和质量产出的前提下,投入和消耗资源的节约或浪费程度,以实现组织资源投入或消耗的最经济、最节约的目的。因此,经济性目标强调资源的节约程度,经济性绩效要求的是组织尽可能实现资金投入最小化和成本消耗最低化。

在绩效评价工作中,需要围绕这一目标对政府、预算部门、预算单位、预算项目等不同层级预算主体在履行公共赋予职责或完成公共项目实施任务的情况下,对实际投入资金和资源的情况进行调查、统计和核实,在此基础上分析、评价预算主体实际投入的资源和资金规模、消耗水平,以及该实际水平与行业、历史或计划水平相比较的资源节约情况,并且得出预算主体履行公共职责或项目实施中使用、消耗公共资金节约程度的评价结论。

(二)效率性(Efficiency)

反映投入资源与产出成果的比较关系,即投入产出比,有两种表达方式:第一种是单位资源的产出数量,用全部产出成果除以投入资源计算得出;第二种是单位产出的资源耗费,用全部投入资源除以全部产出成果计算得到。因此,效率性目标要求组织以一定数量的资源投入尽可能获得最多的产出,或是在一定产出成果下尽可能投入最少的资源。

在绩效评价工作中,需要围绕这一目标对不同层级预算主体在履行公共赋予职责或完成公共项目实施任务后获得产出数量和质量水平,以及获得产出所消耗的劳动时间等情况进行调查、统计和核实,在此基础上分析、计算各层级预算主体履行职责或项目实施的活动效率实际水平,并将该实际活动效率水平与社会、历史或计划水平相比较,得出预算主体履行公共职责或项目实施后产出的劳动效率提高或降低的评价结论。

(三)效果性(Effectiveness)

反映最终实际产出的结果达到预期目标的程度,即通常所说的计划或预算实现程度。其中的预期目标可以选择计划、预算、定额或标准,也可以选择历史水平、平均水平或优秀水平等。因此,效果性目标要求的是组织的实际产出尽可能达到或超过预期目标。

在绩效评价工作中,需要围绕这一目标对不同层级预算主体在履行公共赋予职责或完成公共项目实施任务后,对当地、对行业或对单位的经济贡献水平,包括履职或项目实施对 GDP、对财政和税收、居民收入、企业增收节支、降低运行成本、减少损失浪费等方面的影响和贡献水平进行调查和核实,计算各层级预算主体履行职责或项目实施取得的实际经济效益,并将该实际经济效益水平与行业、历史或计划水平相比较,得出预算主体履行公共职责或项目实施后获取经济效益水平提高或降低的评价结论。

(四)环保性(Environment)

反映对自然资源的有效利用和生态环境的有效维护程度,主要关注环境污染和环境保护问题。强调在发展经济的同时,充分考虑环境、资源和生态的承受能力,保持人与自然的和谐发展,实现自然资源的永续利用,实现社会的永续发展。实现可持续发展,就要正确处理人与自然的关系,用尽可能少的代价来获得经济的发展,在不牺牲未来需要的情况下,满足当代人的需求。环保性强调两个方面的绩效要求:一方面要求组织尽可能有计划地合理开发和高效使用自然资源;另一方面要求组织尽可能多地投入以补偿、维持和保护由于开采和消耗自然资源而破坏的生态环境。

在绩效评价工作中,需要围绕这一目标对不同层级预算主体在履行公共赋予职责或完成公共项目实施任务后,对当地、对行业或对单位的生态环境保护能力与水平进行调查、统计和核实,包括调查、统计和核实预算主体履行职责或项目实施活动对良好自然环境和优质生态环境的支持程度、对环境污染的改善程度,或加大投入程度、能源消耗的改善程度等情况。在此基础上,计算各层级预算主体履行职责或项目实施取得的实际生态效益,并将该实际生态效益水平与行业、历史或计划水平相比较,得出预算主体履行公共职责或项目实施后,获取生态效益水平提高或降低的评价结论。

(五)公平性(Equity)

有的也称适当性、社会性,反映一个组织的制度政策保障、利益分配、激励约束标准对受益对象的覆盖程度、公正程度、贡献程度。其中的受益对象包括组织内的员工和社会公众。因此，适当性目标强调两个方面的绩效要求：一方面要求组织无论面向组织内的每一位员工，还是面向社会的受众群体，都尽可能做到消除发展规划不平衡、政策制度不公平、资源分配不公平、收入分配不公平、权利分配不公平等问题；另一方面要求组织除完成自身的各项发展目标外，还要尽可能承担更多的社会责任，为社会做出更多的贡献。

在绩效评价工作中，需要围绕这一目标对不同层级预算主体在履行公共赋予职责或完成公共项目实施任务后，对当地、对行业或对单位的社会服务能力进行调查、统计和核实，包括调查、统计和核实预算主体履行职责或项目实施活动对社会就业、教育、居民寿命等方面的贡献水平，对社会风险事故、安全事故、突发事故的防范和处置能力，对社会公益、公众福利、救济补助的公平支撑程度和覆盖范围。在此基础上，计算各层级预算主体履行职责或项目实施取得的实际社会效益，并将该实际社会效益水平与行业、历史或计划水平相比较，得出预算主体履行公共职责或项目实施后获取社会效益水平提高或降低的评价结论。

除此之外，围绕适当性评价目标，还应包括对预算主体履行职责或项目实施对社会未来发展带来影响的持续程度进行调查、统计和核实，包括对项目持续发挥作用的期限、对本行业未来可持续发展的影响、机制体制创新程度、获得重大科技创新成果等方面进行评价，得出预算主体履行公共职责或项目实施对社会发展可持续影响的评价结论。

第三节 财政预算绩效评价的组织

绩效评价是绩效管理中的一项系统性专业监督工作，需要多方共同参与实施。因此，界定参与主体、明确职责分工、采用科学方式、建立责任机制，是绩效评价工作得以顺利实施的重要前提和组织保障。

一、财政预算绩效评价的参与主体

开展财政预算资金绩效评价的参与主体有狭义和广义的区分。狭义主体通常就是直接参与财政预算工作的各级主体,包括财政部门、预算部门、预算单位三个层级,它们是组织、实施开展绩效评价工作的核心主体,在绩效评价工作中有着不同的地位和作用。而广义的主体则包括与财政预算工作相关的主体,包括对财政预算和决算进行审议表决的各级人民代表大会、财政部门、预算部门和预算单位,以及受委托开展绩效评价的社会专业第三方评价机构。

(一)各级人民代表大会

根据《中华人民共和国预算法》第二十二条的规定,我国的各级人民代表大会财政经济委员会对本级政府预算草案初步方案及上一年预算执行情况、预算调整初步方案和决算草案进行初步审查,提出审查意见,承担着审查预算草案、预算调整方案、决算草案和监督预算执行等方面的具体工作。也就是说,财政预算需要接受人民代表大会的监督审查,并且对绩效管理尤其是绩效评价存在较强烈的需求,人民代表大会可以根据需要委托第三方或组成工作组和专家组,对影响国计民生的重要项目资金进行绩效评价。主要表现在:

第一,人民代表大会在审查本级政府财政预算执行情况时,除了对上年预算资金决算情况进行审查外,还迫切需要对上年预算执行的绩效进行审查和评价,以便确定上年预算执行的经济性、效率性与效果性。由此产生了人民代表大会对开展绩效评价的需求。

第二,人民代表大会在审查本级政府财政预算草案初步方案时,除了审查相关预算资料外,还迫切需要对当年政府预算草案相关的绩效目标设置情况进行审查和评估,以便确定其财政预算的科学性、合理性、相关性和可行性,由此产生了人民代表大会对开展绩效目标评估或评价的需求。

第三,人民代表大会在审查本级政府预算调整初步方案和监督预算执行时,除了审查预算调整依据和预算执行进度报告之外,还迫切需要对当年本级政府预算绩效的中期运行情况进行审查和评价,以确定其对绩效目标的遵循程度和完成进度,由此产生了人民代表大会对绩效运行监控评价的需求。

(二)财政部门

财政部门负责本级财政绩效评价工作的组织和管理。由财政部门组织的绩效评价通常是抽查复核,是在部门、单位已经进行绩效评价的基础上,按照资金项目的政策重要程度、社会意义等因素,选择比例较少的资金项目,委托第三方机构进行绩效评价,也称为财政评价。

财政部门在绩效评价工作中的主要职责是:

(1)负责制定绩效评价规则与办法。

(2)指导本级各部门和下级财政部门开展绩效评价工作。

(3)会同有关部门对单位自评和部门评价结果进行抽查复核。

(4)督促部门充分应用自评和评价结果。

(5)根据需要组织实施绩效评价,强化评价结果反馈和应用。

(三)预算部门

预算部门通常是财政预算中各级政府部门,主要负责本部门项目的部门评价、单位自评的组织和管理。预算部门在下级预算单位进行自我评价的基础上,组织专家组或委托第三方机构开展的绩效评价,称为部门评价。如果部门对自身整体支出进行绩效评价,这就属于部门开展的一种自我评价。

预算部门在绩效评价工作中的具体职责是:

(1)制定本部门绩效评价办法。

(2)拟定本部门绩效评价工作计划。

(3)组织部门本级和所属单位开展单位自评工作,汇总自评结果,加强自评结果审核和应用。

(4)具体组织实施部门评价工作,加强评价结果反馈和应用,向财政部门提交单位自评结果和部门评价报告,将单位自评和部门评价结果应用于项目管理。

(5)积极配合财政评价工作,落实评价整改意见。

(6)负责公开本部门单位自评和部门评价结果。

(四)预算单位

预算单位是指那些收入全部上缴财政,支出全部由财政预算安排的财政资金使用单位。预算单位主要负责本单位项目支出绩效评价工作,应由本单位自主实施,即"谁支出、谁自评",预算单位组织开展的绩效评价称为自我评价。

预算单位在绩效评价工作中的具体职责包括:
(1)拟定单位自评工作方案。
(2)具体实施单位自评工作,对自评中发现的问题及时进行整改。
(3)向主管部门报告绩效评价工作情况,提交单位自评结果。
(4)落实财政部门和主管部门提出的整改意见,并按要求公开绩效管理有关情况。

(五)第三方机构

根据财政部相关文件的规定,财政和部门评价根据需要可委托第三方机构或相关领域专家(以下简称第三方,主要是指与资金使用单位没有直接利益关系的单位和个人)参与,并加强对第三方的指导,对第三方工作质量进行监督管理,推动提高评价的客观性和公正性。

第三方机构是指依法设立并向各级财政部门、预算部门和单位等管理、使用财政资金的主体(以下统称委托方)提供预算绩效评价服务,独立于委托方和预算绩效评价对象的组织,主要包括专业咨询机构、会计师事务所、资产评估机构、律师事务所、科研院所、高等院校等。第三方机构接受委托依法依规从事预算绩效评价业务,任何组织和个人不得非法干预,不得侵害第三方机构及其工作人员的合法权益。

第三方机构开展绩效评价业务,需要通过财政部门户网站"预算绩效评价第三方机构信用管理平台"登记备案本机构的基本情况、专业资质、社会信誉与质量评价认证、法人、主评人、合作专家、助理人员、分支机构、历史业绩、管理制度等信息。财政部门、预算单位可以从该平台中选择并委托适当的第三方机构开展绩效评价工作。

第三方机构及其工作人员从事预算绩效评价业务要依照《第三方监管办法》的规定,配合和接受相应财政部门的管理、监督,积极参加财政部门组织的对第三方机构及其工作人员从事预算绩效评价业务的培训和指导。

第三方机构从事预算绩效评价业务的工作人员应当严格遵守国家相

关法律制度规定,遵守职业道德,合理使用并妥善保管有关资料,严格保守工作中知悉的国家秘密、商业秘密和个人隐私,并有权拒绝项目单位和个人的非法干预。

第三方机构从事预算绩效评价业务,不得有以下行为:

(1)将预算绩效评价业务转包。

(2)未经委托方同意将预算绩效评价业务分包给其他单位或个人实施。

(3)允许其他机构以本机构名义或者冒用其他机构名义开展业务。

(4)出具本机构未承办业务、未履行适当评价程序、存在虚假情况或者重大遗漏的评价报告。

(5)以恶意压价等不正当竞争手段承揽业务。

(6)聘用或者指定不具备条件的相关人员开展业务。

(7)其他违反国家法律法规的行为。

二、财政预算绩效评价的组织方式

尽管前面提到存在绩效评价的需求主体较多,既有财政内部开展预算管理的需求,也有财政外部(比如人大等机构)开展财政预算监督的需求。但是,目前我国开展财政预算绩效评价工作主要是由财政系统组织实施,包括单位自评、部门评价和财政评价三种方式。

(一)预算单位自评

是指预算部门组织部门本级和所属单位,对预算批复的项目绩效目标完成情况进行自我评价。单位开展预算绩效自我评价通常应该做到全面评价,包括对本单位各层级的全部预算资金项目进行评价,尤其是重点项目和新增项目,必须列入评价的对象范围,可以自行组织专家组、工作组或委托第三方专业机构进行,今后的发展方向是委托第三方专业机构进行评价,这样有利于保证绩效评价结果的客观性。

(二)预算部门评价

是指预算部门根据相关要求,运用科学合理的绩效评价指标、评价标准和方法,对本部门的项目组织开展的绩效评价。预算部门管理的项目和资金数量较多,可以依据一定的需求选择本系统内较大比例的项目资金进行绩效评价,通过自行组织专家组、工作组或委托第三方专业机构进行。

(三)财政部门评价

是指财政部门对预算部门的项目组织开展的绩效评价。财政部门由于管理本级政府的全部资金项目,项目数量众多、资金数量庞大,因此不可能进行100%的全面评价和详细评价,但是应该根据需要选择一定规模的项目和资金进行绩效评价抽查,同样可以由财政部门组织专家组、工作组或委托第三方专业机构进行。

在上述三类评价方式中,单位自评结果主要通过项目支出绩效自评表的形式反映,做到内容完整、权重合理、数据真实、结果客观。财政和部门评价结果主要以绩效评价报告的形式体现,绩效评价报告应当依据充分、分析透彻、逻辑清晰、客观公正。但是各预算部门应当按照要求随同部门决算向本级财政部门报送绩效自评结果。部门和单位应切实加强自评结果的整理、分析,将自评结果作为本部门、本单位完善政策和改进管理的重要依据。对预算执行率偏低、自评结果较差的项目,要单独说明原因,提出整改措施。

三、财政预算绩效评价的工作机制

(一)绩效评价主体的工作机制

按照效率优先、职责分明的原则,依据财政预算绩效主体层级的职责关系,完善单位自评、部门评价和财政评价各有侧重又有衔接的绩效评价主体工作机制,同时积极建立引入第三方推行绩效评价工作机制。

各级财政部门建立重大政策、项目预算绩效评价机制,逐步开展部门整体绩效评价,对下级政府财政运行情况实施综合绩效评价。

单位自评应由项目单位自主实施,即"谁支出、谁自评"。各部门、各单位对预算执行情况以及政策、项目实施效果开展绩效自评,对自评结果的真实性和准确性负责,评价结果报送本级财政部门。同时对自评中发现的问题要及时进行整改。部门评价和财政评价应在单位自评的基础上开展,必要时可委托第三方机构实施。

(二)绩效监督主体的联动机制

当前,在财政系统外部,有一系列对财政预算管理和绩效管理工作的监督机构和组织,首先是各级人民代表大会作为绩效评价的一个需求主体,他们需要利用绩效评价的结果,作为对财政预算执行情况进行审查评议的依据。除此之外,纪律检查部门、行政监察部门、审计部门,甚至司法部门也都存在不同角度对绩效评价的需求。为了减少这些财政预算外部监督机构对某一项目资金重复开展绩效评价,可以简化单位自评方式,由单位填报绩效自我评价表作为结果在网上报送,由财政部门要求项目单位委托第三方做好绩效评价工作,在需要时将绩效评价报告提供给相关的外部监管机构。因此,就需要建立财政部门组织管理的绩效评价工作与外部监管机构需求的联动机制,即推动建立与人大和政协、纪检监察、审计等不同部门实施绩效监督的联动机制,做到在绩效评价工作中财政部门与这些外部监管机构一起,协商绩效评价资金项目的选择立项、联系指导绩效评价的实施过程、共同听取绩效评价重大事项汇报、共同分享绩效评价结果报告,促进以绩效评价为重要手段的财政监督与人大和政协监督、纪检监督、审计监督的开放、贯通、协调。

四、财政预算绩效评价的组织管理

按照财政部发布的《项目支出绩效评价管理办法》(财预〔2020〕10号)规定,对绩效评价工作的组织管理核心事项涉及以下五个方面。

(一)制定绩效评价制度与业务标准,规范绩效管理工作

主要是明确、制定、颁布绩效评价整体的运行机制、参与评价主体的职责分工、评价业务的流程规范、评价业务的技术规范、评价业务的质量规范等。

(二)组织开展绩效评价工作

包括财政部门抽样复查绩效评价、预算部门和预算单位绩效自我评

价工作。目前预算部门和预算单位组织实施的绩效自我评价工作，选取的评价对象资金项目占全部预算资金项目数量的比例非常低，这不符合党中央和国务院关于全面实施绩效评价的要求，只有达到当年执行和实施完毕的全部预算项目都必须进行绩效评价，才是真正意义上的全方位绩效评价、全覆盖绩效评价。

(三)充分应用自评和评价结果

主要是利用评价结果做好对预算项目的考核、对项目单位的考核、对下年度安排预算资金的参考，甚至对领导干部业绩考核的参考等，将绩效评价结果不仅与财政预算项目立项审批和安排预算资金挂钩，而且与单位整体绩效考核、主要领导的利益充分挂钩。

(四)切实进行绩效问题的整改

绩效改进是由预算部门和预算单位负责实施的一项工作，预算部门和预算单位要根据绩效评价中发现的问题，分析问题原因，建立整改台账，明确整改措施和路径，提出整改目标，及时进行整改。而财政部门主要是负责督促检查整改工作的落实情况和整改效果。

(五)对绩效评价第三方机构的监管指导

由于绩效评价工作通常委托给第三方进行，因此需要对第三方机构的执业水平、执业能力、执业过程、执业质量、执业道德进行规范和管理，推动提高评价的客观性和公正性。其中财政部门负责对第三方机构的指导与规范，并对第三方工作质量进行监督管理。如果预算部门委托第三方开展绩效评价的，要体现委托人与项目实施主体相分离的原则，一般由主管财务的机构委托，确保绩效评价的独立、客观、公正。

第四节　财政预算绩效评价的内容

一、财政预算绩效评价的对象

这是指开展绩效评价的作用客体，包括评价的预算单位和预算项目的资金。绩效评价对象是细分为绩效评价具体内容和评价要点的主线索。

(一)财政预算绩效评价对象的划分

根据财政部发布的《项目支出绩效评价管理办法》(财预〔2020〕10号)的规定,财政预算绩效评价的总体对象为部门(单位)预算管理的财政性资金和上级政府对下级政府的转移支付资金。具体评价对象资金包括以下几个方面。

1. 对一般公共预算支出进行绩效评价

即对以税收为主体的财政资金支出绩效进行评价,包括对用于保障和改善民生、推动经济社会发展、维护国家安全、维持国家机构正常运转等方面的预算支出进行绩效评价。

2. 对政府性基金预算支出进行绩效评价

即对依法向特定对象征收、收取或者以其他方式筹集的资金,专项用于特定公共事业发展的预算资金支出进行绩效评价。包括对用于公路、铁路、民航、港口等建设的基金9项;用于水利建设的基金4项;用于城市维护建设的基金8项;用于教育、文化、体育等事业发展的基金7项;用于移民和社会保障的基金5项;用于生态环境建设的基金5项;用于其他方面的基金5项预算支出进行绩效评价。

3. 对国有资本经营预算支出进行绩效评价

即对政府以所有者身份依法取得国有资本收益,并对所得收益进行分配而发生的各项收支预算进行绩效评价。

4. 对社会保险基金预算支出进行绩效评价

即对社会保险缴款、一般公共预算安排和其他方式筹集的资金,专项用于社会保险的收支预算进行绩效评价。

5. 对涉及预算资金及相关管理活动的其他资金进行绩效评价

如对政府投资基金、主权财富基金、政府和社会资本合作(PPP)、政府购买服务、政府债务项目等开展绩效评价。

(二)财政预算绩效评价对象的选择

如果一个预算单位或者财政部门并没有计划对全部的项目资金,而是抽取一定比例或部分项目资金进行绩效评价时,通常要考虑资金项目的政策性、资金项目的重要性、资金项目的时效性、资金项目的覆盖面、资金项目的敏感度五个要素进行筛选,作为评价对象。

1.依据资金项目的政策性确定评价对象

即选择本级财政预算中涉及贯彻落实党中央、国务院重大方针政策和决策部署的项目作为评价对象,主要是国家重大发展战略和重点领域改革项目。

2.依据资金项目的重要性确定评价对象

即选择财政预算管理的重大和重点资金项目作为评价对象,具体包括:

(1)本级财政预算中覆盖面广、影响力大、社会关注度高、实施期长的项目。

(2)本级财政预算中长期效益低下或重复投资的项目。

(3)本级财政预算中基础性工程建设项目。

(4)上级政府对下级政府的一般转移支付中涉及贯彻重大政策出台的项目。

(5)上级政府对下级政府的专项转移支付中对国计民生有重大影响的项目。

3.依据资金项目的时效性确定评价对象

即选择财政预算管理中时效性强的重点资金项目,以及在一定时间内必须全覆盖的项目作为评价对象,包括以下两方面。

(1)按照全覆盖时间要求确定评价对象项目

第一,对重点项目周期性(5年为一个周期)全覆盖开展绩效评价。在这个时间内,通常是优先选择贯彻落实党中央、国务院及地方重大方针政策和决策部署的项目,覆盖面广、影响力大、社会关注度高、实施周期长的项目。

第二,对一般性项目随机选择进行绩效评价。

第三,对实施期 5 年及以上的项目,适时开展中期和实施期后绩效评价。

(2)按照持续时间要求选择评价对象项目

第一,选择以前年度没有出现的当年新增实施的预算项目。

第二,选择各年度重复或持续实施且对国计民生有重要影响的项目。

第三,选择当年结束在未来一个时期内不再重复实施且资金额度较大的预算项目。

4. 依据资金项目的覆盖面确定评价对象

即选择可能影响全面实施绩效管理进度或要求的资金项目作为评价对象。具体说就是,按照《中共中央国务院关于全面实施预算绩效管理的意见》或上级推进绩效管理的相关部署要求,争取在未来某个特定时间内基本建成全方位、全过程、全覆盖的预算绩效管理体系。基于这一要求选择的评价对象项目,要充分考虑是否兼顾全方位、全过程、全覆盖这三个要求,具体包括:

(1)选择的重点资金项目要覆盖到"四本预算"各个领域,满足全覆盖要求。

(2)选择的重点资金项目要渗透到各级预算主体单位,满足全方位要求。

(3)选择的重点资金项目要兼顾各年度持续实施的项目、以前启动当年结束以后不再实施的项目、当年启动当年结束的项目。

5. 依据资金项目的敏感度确定评价对象

即选择社会负面反响和问题突出的资金项目,具体包括:

(1)决策过程不规范的单位或项目等。

(2)管理制度不健全的单位或项目等。

(3)被媒体公开报道、社会公众举报的未能发挥正确效应的项目或未能有效履行职责的单位等。确定绩效评价对象之后,评价人员就可以根据这一对象的评价目标、具体任务进行分解和细化,确定相应的评价内容和要点。

二、项目支出绩效评价的内容

(一)财政预算项目

项目支出绩效评价是指对预算单位承担的财政预算资金项目支出绩效情况进行评价。这些项目通常是由预算单位在当前年度根据履行职责或社会发展需要向财政部门进行预算申报,获得财政部门的批复并安排有相应的资金支持,经过一个周期或一个财政年度实施而完成的项目。

(二)项目支出绩效评价的总体内容

总体来看,开展绩效评价的内容可以根据每一个评价对象和评价目标,确定出以下基本的评价内容:决策情况、资金管理和使用情况、相关管理制度办法的健全性及执行情况、实现的产出情况、取得的效益情况和其他相关内容。

其中,对预算单位开展的绩效自我评价,其评价内容主要包括项目总体绩效目标、各项绩效指标完成情况以及预算执行情况。对未完成绩效目标或偏离绩效目标较大的项目要分析并说明原因,研究提出改进措施。

以上述总体内容为基础,根据财政部发布的《项目支出绩效评价管理办法》(财预〔2020〕10号)的规定,可以将项目支出的具体内容进行细化,形成具体的评价内容或评价要点。

(三)项目支出绩效评价的具体内容

1.评价项目决策的合理性和有效性

主要从项目立项、绩效目标设置、资金投入三个方面进行评价。

(1)评价项目立项的有效性

第一,评价立项依据的充分性,即评价项目立项是否符合法律法规、相关政策、发展规划以及部门职责。

第二,评价立项程序的规范性,即评价项目申请、设立过程是否符合相关要求,按照绩效管理与预算管理一体化实施要求,主要考虑评价:在财政预算项目立项申请环节的可行性论证评估和申请财政项目入库过程中,是否设置了初步的绩效目标,并对项目进行事前绩效评估;在对预算项目申请资金支持的环节,是否编制必要预算申请和设置了经过论证的绩效目标;在预算资金执行过程中,是否开展预算执行监控和绩效运行监控,是否编制有两种监控的报告,如果有预算调整的情况,是否依据两种监控的意见进行调整;在项目实施完成或资金执行完毕后,是否对项目资金办理决算并编制有关财务报表,同时是否对项目的执行绩效进行自我评价。

(2)评价绩效目标设置的合理性和有效性

第一,评价绩效目标的合理性,即评价设定的项目绩效目标是否依据充分,是否符合客观实际。

第二,评价绩效指标的明确性,即评价依据项目绩效目标设定的绩效指标是否清晰、细化、可衡量等。

(3)评价资金投入的合理性和有效性

第一,评价编制的科学性,即评价预算编制是否经过科学论证、有明确标准,资金额度与年度目标是否相适应。

第二,评价资金分配的合理性,即评价预算资金分配是否有测算依据,与补助单位或地方实际是否相适应。

2. 评价实施过程的合理性和有效性

主要从预算单位对项目资金管理情况和对项目组织实施情况两个方面进行评价。

(1)评价资金管理的合规性和有效性

第一,评价资金的到位程度,即评价实际到位资金达到预算批复资金的比率。

第二,评价预算的执行程度,即评价项目预算资金是否按照计划执行(实际支出/实际到位)。

第三,评价资金使用的合规性,即评价资金使用是否符合相关的财务管理制度规定,有无存在资金被贪污、挪用、挤占、浪费、截留等情况。

(2)评价资金投入的合理性和有效性

第一,评价管理制度的健全性,即评价项目的预算管理、财务管理、资金管理、业务管理、技术管理制度是否建立健全。

第二,评价制度执行的有效性,即评价项目实施是否符合相关管理规定。

3.评价项目产出的有效性

主要从项目的产出数量、产出质量、产出时效、成本控制四个方面的绩效进行评价。

(1)评价项目产出数量及其完成程度,即评价项目提供公共产品和公共服务实际数量,以及这些数量完成预期数量的程度,也就是评价项目各项任务的完成率或完工率。

(2)评价项目产出质量及其达标程度,即评价项目提供的公共产品和公共服务达到的标准、水平和效果,以及这种质量水平达到预期质量水平的程度,也就是评价项目各项任务完工后的验收通过率或合格率。

(3)评价项目产出时效及其达到程度,即评价项目提供公共产品和公共服务的及时程度和效率情况,也就是评价项目实施时间的节约率或预期时间节约数。

(4)评价项目花费成本及其节约程度,即评价项目提供公共产品和公共服务所需成本的控制情况,也就是评价项目总体成本的降低率或各项任务的单位成本降低率。

4.评价项目的效益实现程度

主要从项目产出的经济效益、社会效益、生态效益和可持续影响四个方面进行评价。

(1)评价项目经济效益实现程度,即评价项目提供公共产品和公共服务对经济发展带来的影响和效果,包括对财政收入的影响、对社会经济实体的效益影响、对居民收入增加的影响、对国民经济产值的影响等。

(2)评价项目社会效益实现程度,即评价项目提供公共产品和公共服务对社会发展带来的影响和效果,包括对社会就业的影响、对社会福利的影响、对社会公平的影响、对社会安全的影响、对社会效率的影响,以及对应急处置能力提升的影响等。

(3)评价项目生态效益实现程度,即评价项目提供公共产品和公共服务对自然环境带来的影响和效果,包括对优质生态环境保持的影响、对恶劣生态环境改善的程度、对社会能源消耗的影响、对自然资源质量提升的影响等。

(4)评价项目的可持续影响程度,即评价项目提供公共产品和公共服务可以稳定发挥积极作用的持续时间或持续周期、对促进项目管理机制体制创新的影响、对国家或地方科技创新能力提升的影响、对社会治理体系完善或治理能力提升的促进影响等。

5. 评价利益相关方对项目实施的满意程度

(1)评价上级主管部门或决策部门的满意程度,即评价项目实施效果和建议对提供决策参考的支持程度,包括提供意见建议并被上级主管部门采纳的数量、质量、时效等。

(2)评价协同单位的满意程度,即评价项目实施过程中,相关利益方在利益分配、组织沟通、资源整合等方面的协同满意度。

(3)评价单位外部受益对象的满意程度,即评价项目的受益对象(一般是社会公众或项目的直接受益群体)对项目实施、项目管理、项目产出、个人受惠等方面的满意程度。

三、部门(单位)整体支出绩效评价的内容

部门(单位)整体支出是指某一个预算部门(或预算单位)在一定时期内全部财政预算资金的支出,包括该预算部门(或预算单位)履行职责所需的人员经费、工作运行经费、社会保障经费、专项资金等全部类型的支出。对部门(单位)整体支出绩效评价的内容包括以下三部分。

(一)评价投入管理的有效性

包括从预算部门(或预算单位)进行财政目标管理、预算和财务管理、绩效管理三个方面进行评价。

1. 评价工作目标管理的有效性

(1)评价年度履职目标相关性,即评价绩效目标是否与部门职责目

标、工作任务目标一致,是否能体现预算项目的产出和效果。

(2)评价工作任务科学性,即评价部门设立的工作目标是否明确、具体、清晰和可衡量。工作任务对应的预算项目是否有明确的绩效目标。

(3)评价绩效指标合理性,即评价绩效指标与实际工作内容是否具有相关性;绩效指标体系是否全面,权重设置是否合理;绩效指标是否明确、具体、可衡量。

2. 评价预算和财务管理的有效性

(1)评价预算编制完整性。具体内容和要点包括:评价收入预算编制是否足额,是否将所有部门预算收入全部编入收入预算;支出预算编制是否科学,是否按人员经费标准、日常公用经费按定额、专项经费按项目分别编制。

(2)评价专项资金细化程度,主要是计算分析专项资金细化率指标:

$$专项资金细化率=(部门参与分配的专项待分资金/部门参与分配资金合计)\times 100\%$$

(3)评价预算资金执行程度,主要是计算分析预算执行率指标:

$$预算执行率=(实际支出资金/预算数)\times 100\%$$

(4)评价预算资金调整程度,主要是计算分析预算调整率指标:

$$预算调整率=(预算调整数/预算数)\times 100\%$$

(5)评价预算资金结转或结余程度,主要是计算分析结转结余率指标:

$$结转结余率=[(本年度累计结转结余资金总额-上年度累计结转结余资金总额)/上年度累计结转结余资金总额]\times 100\%$$

(6)评价"三公"经费控制程度,主要是计算分析"三公"经费控制率指标:

$$"三公"经费控制率=部门本年度"三公"经费实际支出数/预算安排数\times 100\%$$

(7)评价政府采购执行程度,主要是计算分析政府采购执行率指标:

$$政府采购执行率=部门本年度实际政府采购金额/年初政府采购预算\times 100\%$$

(8)评价决算的真实性以及决算信息真实可靠。包括评价:①决算数据与会计账簿、凭证等记录数据保持一致的程度;②分析填列的决算数据真实依据的充分性;③决算数据对所有分户单位的涵盖程度。

(9)评价资金使用合规性。包括评价:①符合国家财经法规和财务管理制度规定以及有关专项资金管理办法的规定;②资金的拨付有完整的审批程序和手续;③重大开支经过评估论证;④符合部门预算批复的用途;⑤不存在截留、挤占、挪用、虚列支出等情况。

(10)评价管理制度健全性。包括评价:项目实施单位的财务制度是否健全,用以反映和考核财务管理制度对资金规范、安全运行的保障情况。

(11)评价预决算信息公开性。包括评价:部门是否按照政府信息公开有关规定公开相关预决算信息,用以反映和考核部门预决算管理的公开透明情况。

(12)评价资产管理规范性。包括评价:①资产保存是否完整,是否定期对固定资产清查,是否有因管理不当发生严重资产损失和丢失的情况;②是否存在超标准配置资产;③资产使用是否规范,是否存在未经批准擅自出租、出借资产行为;④资产处置是否规范。

3. 评价绩效管理的有效性

(1)评价绩效监控完成情况,主要是计算分析绩效监控完成率指标:

绩效监控完成率=绩效监控实际完成数/绩效监控计划完成数×100%

(2)绩效自评完成情况,主要是计算分析绩效自评完成率指标:

绩效自评完成率=绩效自评项目实际完成数/

绩效自评项目计划完成数×100%

(3)部门绩效评价完成情况,主要是计算分析部门绩效评价完成率指标:

部门绩效评价完成率=部门绩效评价实际完成数量/

部门绩效评价计划数量×100%

(4)评价结果应用情况,主要是计算分析评价结果应用率指标:

结果应用率=评价结果应用于绩效管理工作的数量/

已经开展绩效评价项目的数量×100%

(二)评价部门(单位)的整体产出情况

包括从预算部门(或预算单位)的重点任务完成情况和履职目标的实现情况两个方面进行评价。

一是评价重点任务完成情况,按照预算部门(或预算单位)负责实施的每一个项目任务,逐项对其完成情况进行评价。

二是评价履职目标实现情况,按照预算部门(或预算单位)赋予的每一项职责和职能,逐个对其履职目标的完成情况进行评价。

(三)评价部门(单位)的整体实现效益情况

包括从预算部门(或预算单位)的履职效益完成情况和利益相关方的满意度等方面进行评价。

1.评价履职效益完成情况

(1)评价履职带来的经济效益,即评价预算部门(或预算单位)履行职责和实施重点项目对经济发展所带来的直接或间接影响。

(2)评价履职带来的社会效益,即评价预算部门(或预算单位)履行职责和实施重点项目对社会发展所带来的直接或间接影响。

(3)评价履职带来的生态效益,即评价预算部门(或预算单位)履行职责和实施重点项目对生态发展所带来的直接或间接影响。

(4)评价履职带来的对可持续发展的影响,即评价预算部门(或预算单位)履行职责和实施重点项目对未来发展所带来的影响。

2.评价利益相关方的满意度

(1)评价主管部门获得预算部门(或预算单位)履行职责和实施重点项目过程中提供决策支持的满意度。

(2)评价社会公众对预算部门(或预算单位)履行职责和实施重点项目的满意度。

(3)评价受益单位对预算部门(或预算单位)履行职责和实施重点项目的满意度。

(4)评价协同单位对预算部门(或预算单位)履行职责和实施重点项目的满意度。

第十章 财政预算绩效评价实施

第一节 前期准备

一、开展前期分析会

开展前期分析会,了解项目基本情况,结合评价需要,对项目进行分析,找出评价关注点,讨论分析绩效评价依据、评价标准、评价指标、评价方法,确定需要收集的数据资料及其采取的主要调查方法,形成绩效评价初步方案,为绩效评价工作的实施安排做准备。

在了解项目基本信息的基础上,分析项目,从项目的特点出发,找出项目的评价关注点。

(一)分析项目立项背景

通过查阅相关政策制度,了解项目基本情况和项目立项背景,分析项目立项环境和各界人群关注度,从而分析项目特点,找出项目评价关注点。

(二)解析政策目标

在了解项目背景的基本情况下,解读各政策目标,包括中央、省、市相关的中长期目标、部门中长期目标和年度目标等,对比项目绩效目标申报情况,分析政策,从政策的覆盖广度及深入程度,寻找项目评价关注点。

(三)分析资金来源情况

资金来源,主要包括中央财政资金、地方财政资金、自筹资金和整合资金等。分析资金的来源是对项目资金的结构进行分析,掌握各资金的源头和资金的流向,从而对资金的管理进行分析,找出绩效评价关注点。

(四)分析资金拨付情况

资金的拨付情况主要是对财政资金的申请、批复、划拨和使用各环节加以分析,分析各环节的时间节点和金额,找出评价关注点,从而在构建评价指标体系时,对资金的管理、资金的时效、到位和使用等情况进行体现,结合实际情况加以评价。

另外,有必要时,解析资金的分配情况,对中央、省级、市级及区县级的资金分配比率等相关政策加以了解,对资金分配方式和比例加以分析,找出评价关注点。

(五)解析组织管理机构与层级

解析项目组织管理机构与层级,是对项目组织管理的机制和职能进行梳理,对各层级的权限和工作职责加以分析,有必要时进行分层评价,在考虑构建评价指标体系和评价方法上进行体现。

(六)分析相关责任主体

相关责任主体,主要包括项目管理单位、实施单位、建设单位、监理单位、验收单位和管护主体等,了解其在整个项目中的职责及所处环节,分析对项目的需求、行为、观点和态度。

(1)分析管理单位,主要是对项目管理和总体要求进行分析,对管理方项目绩效评价目标进行明确。

(2)分析实施单位,主要是对项目管理和实施进行分析,对项目相关制度的建设和执行情况进行分析。

(3)分析建设单位,主要是对施工质量和施工进度进行考察。

(4)分析监理单位,主要是对项目的管理、制度执行和项目实施的监管情况进行考察。

(5)分析验收单位,主要是对项目质量和项目实际情况加以了解,对项目阶段性验收和项目完工验收的真实性进行考察,将项目验收的数量、质量、时效和成本与计划进行对比分析。

(6)分析管护主体,主要是对管护制度的建立和执行情况进行考察,对项目移交管护后长效保障的可持续影响进行分析。

通过对相关实施主体的分析,从项目管理和监督,项目产出的质量、数量、时效,项目的可持续影响等方面,找出评价关注点。

(七)分析相关受益群体

分析项目相关受益群体,明确从受益群体获得的信息,分析其对项目的需求、了解其在项目实施前后的行为、观点和态度,找出评价关注点,另外,根据评价需要,可采用访谈或问卷调查等方式,对相关数据进行收集。

二、建立评价指标体系

绩效评价指标,是财政支出绩效评价内容的直接反映,是财政支出绩效评价工作的载体,是衡量、监测和评价财政支出的经济性、效益性和有效性的量化手段。设置科学合理、简便易行的评价指标对财政支出绩效评价工作至关重要。

根据前期分析会的分析,结合评价关注点,明确数据来源、数据成本、收集方法、收集难度等相关信息,采用科学的方法,选择或设计评价指标,构建绩效评价指标体系,在确定一、二级评价指标的基础上,进一步将其分解成可以具体量化的三、四级指标。

根据近年实践,在评价指标选择上,应坚持以下几项标准:首先,所选评价指标在评价内容的度量上要具体精确,不能模棱两可,能量化的指标应尽量予以量化;其次,充分考虑社会公众对项目实施后的满意度,应采取设置问卷调查表的方式,广泛征求单位和社会公众的意见;再次,选出的评价指标应具有可监控性,即评价指标应具有独立性,减少人为因素对评价指标的修饰;最后,在设计评价指标时应当多征求多方意见。

三、设计问卷

(一)问卷设计流程

问卷设计要紧紧围绕绩效评价关注点和评价指标体系,根据项目实际需要,收集数据,要尽可能做到所收集为所需要。

1. 明确问卷设计目的,确定调查问卷主题

问卷作为调查者用来收集资料的工具,对其进行设计时,自然要考虑调查者的需要。根据前期分析会及评价方案的要求,结合评价关注点和评价指标体系,明确问卷调查的主题,确定问卷设计的目的,以此拟定问卷纲要,也就是根据调查对象的特点、范围、调查的时间和要求,先给调查研究内容写出一份问卷纲要。在这份纲要中应该包括问卷的形式、问卷的内容、变量以及一些具体的调查项目等。

2. 分析问卷影响因素,规定资料收集范围

问卷设计时要基本满足调查者的需要,但如果只从研究者的需要来考虑,而不考虑到被调查者的实际情况,那么所设计的问卷往往会存在一些不妥的地方。问卷设计要明确影响调查的障碍,分析各影响因素,在考虑、编制问题时,要注意问卷调查过程中人的因素,要多从回答者的角度考虑,尽量为其填答问卷提供方便,减少困难和麻烦。在资料收集上,既不漏掉一些必需的资料,也不包含一些无关的资料。

3. 分析调查样本特征,研究设计调查问卷

在设计问卷时,需要分析调查样本的特征,确保调查对象能够准确地理解针对调查事项的提问,而且能真实地回答有关问题。尤其是针对某些特定的群体进行调查研究时,更要考虑到所设计的提问与调查对象的性别、年龄阶段、文化水平、与某一集体(政党、社团或其他组织)所存在的关系等因素。

可先与部分研究对象进行访谈,了解他们的特征、行为和态度,并把研究的各种设想、各种问题、各个方面的内容进行尝试和比较。这样可以避免在问卷设计中出现含糊不清而抽象的问题和不符合客观实际的答案。

4. 设计问卷初稿

(1)确定问卷类型

根据调查的需要,确定问卷的类型,是自填式问卷还是访问式问卷;

是纸质问卷还是网络问卷等。

(2)确定问卷内容

调查问卷的题目要以所研究的内容为依据,要符合调查研究的主题,在拟定题目范围时,要注意范围不能过于宽泛,要尽量化大为小、化概括为具体。

指导语要礼貌,信息完整,能够打消调查对象的顾虑,引导他们对问卷回答的配合。

在主体部分,调查问卷的设计者要明确所提出的所有问题都与调查的中心议题存在着可识别的某种联系,换言之,所提出的问题都应当是必要的。在主体部分的设计中还需要尽可能保持客观立场、避免流露出自己的观点和想法。

(3)确定问题及答案内容

①确定问题内容

在确定问题内容时,要结合评价关注点。从评价关注点出发,分析绩效评价指标体系及评价过程中所涉及的资料和需要的数据支撑,结合调查过程中需要收集的数据资料,确定问题的内容。

②确定答案内容

答案的内容,必须穷尽互斥。

A.答案的穷尽性。指设计出的答案包括所有可能的情况,没有遗漏,任何一个被调查者都能在答案中找到符合自己情况的答案。

B.答案的互斥性。指答案相互之间不能交叉重叠或互相包含。

(4)确定问题措辞

①问题的语言要尽量简单

问题的语言与措辞应该准确、简洁、易懂,避免使用过于专业化的术语和抽象的概念。

②问题的陈述要尽可能简短

问题的陈述越长,就越容易产生含糊不清的地方,回答者的理解就越有可能不一致;而问题越短,产生这种含糊不清的可能性越小。可以说短的问题是最好的问题。

③问题要避免带有双重或多重含义

双重或多重含义指的是在一个问题中,同时询问了两件或几件事情,或者在一句话中实际上询问了两个问题。

④问题不能带有倾向性

即问题的提法不能对回答者产生某种诱导性,应保持中立的提问方式,使用中性的语言。

⑤不要用否定形式提问

在日常生活中,人们习惯于肯定形式的提问,而不习惯于否定形式的提问。当以否定形式提出问题时,许多人常常容易漏掉问题中的"不"字,并在这种理解的基础上进行回答,这样就恰恰与他们的意愿相反了。

⑥不要问回答者不知道的问题

即研究者所问的问题都应该是被调查者能够回答的问题。如果向被调查者询问一个他们一无所知的问题,那么被调查者是无法回答的。

⑦不要直接询问敏感性问题

主要指涉及政治、道德伦理、社会规范、法律以及个人隐私和其他不愿意公开的问题。这些问题很难得到真实答案,甚至会被拒绝回答。

当问及某些个人隐私或人们对顶头上司的看法这样一些问题时,人们往往具有一种本能的自我防卫心理。因此,如果直接提问,将会带来很高的拒答率。所以对这些问题最好采取某种间接询问的形式,并且语言要特别委婉。

(5)确定问题顺序及数量

①确定问题顺序

问卷中问题的前后顺序及相互间的联系,既会影响到被调查者对问题的回答结果,又会影响到调查的顺利进行。那么如何安排问卷中问题的次序呢?首先,应将同一维度的问题集中在一起;其次,在保证这一条的同时,对问题的排序确定如下:

A.把简单易答的问题放在前面,把复杂难答的问题放在后面。

B. 把能引起被调查者兴趣的问题放在前面,把容易引起其紧张或产生顾虑的问题放在后面。

C. 把被调查者熟悉的问题放在前面,把其感到生疏的问题放在后面。

D. 一般先问行为方面的问题,再问态度意见和看法方面的问题。

E. 个人背景资料一般放在结尾,但有时也可以放在开头。即如果调查的内容不涉及比较敏感的问题,并在封面信中作出较好的说明和解释,这一部分问题也可以放在问卷的开头。

F. 若有开放式问题,则应放在问卷的最后。

②确定问题数量

一份问卷中问题数量的多少,没有固定的标准,主要还是根据调查的内容、样本的性质、人力、财力、时间等各种因素来决定。但一般遵循问卷不宜太长、问题不宜太多的原则。因为问卷太长、问题太多容易引起被调查者心理上的厌烦或畏难情绪。

经验总结,问题的数量如下较为合适:

通常以在 20 分钟以内完成为宜,最多不要超过 30 分钟;问卷长度超过 125 个问题时,回答率会显著下降;纸质版问卷(小四号字体、固定行距 22)一般在 3 页内。

5. 征求问卷调查意见,修改问卷问题内容

对于设计好的问卷,要征求各相关人员的意见和建议,对问卷的内容和问题的内容进行修改,满足调查者要求的同时,充分考虑样本特征。

6. 测试调查问卷,结果分析修订问卷

对初步修改的问卷进行测试,以 15—30 人为样本,分析测试结果,求出信度和效度,对问卷进行修订,完善问卷。

7. 确定问卷,正式测试,结果评价,形成结论

对修订后的问卷进行最终确定,正式分发并收集,对收集的问卷进行整理和数据处理,评价问卷结果,进而形成最终结论。

(二)问卷设计方法

1.卡片法

卡片法的使用步骤如下：

(1)根据探索性工作中的记录、印象和认识,把每一个问题及答案单独写在一张卡片上；

(2)按照卡片上问题的主要内容,将卡片分成若干堆。把内容相关的问题放在一起；

(3)在每一堆中,按日常询问的习惯与逻辑,将卡片先后排序；

(4)根据问卷的逻辑结构将全部卡片连成一份完整的问卷；

(5)从回答者阅读是否方便、是否会形成心理压力等角度考虑,反复检查问题的前后连贯性及逻辑性,对不当的地方进行调整和补充,形成问卷初稿。

2.框图法

框图法的使用步骤如下：

(1)根据假设和所需资料内容的逻辑结构,在纸上画出整个问卷的各个部分及前后顺序的框图。

(2)根据问卷设计的基本原则反复考虑框图各个部分前后顺序的科学性和合理性。

(3)具体写出每一部分中的问题及答案,并安排好这些问题相互间的顺序。

(4)根据回答者阅读和填写问卷是否方便等方面,对所有问题进行检查、调整和补充,形成问卷初稿。

(三)问卷设计注意事项

1.评估调查对象分布的合理性

根据调查对象样本细化对有关信息的了解。严格意义上,这是调查活动中的注意事项。多数情况下进行的调查活动是抽样调查,因此,调查对象样本的代表性意义非常突出,也成为影响调查问卷效度和信度的一个非常重要因素。为保证调查的有效性,在调查活动之前,评估调查问卷对象样本的意义,会有意识地在调查设计中增加对一些内容事项的调查,从而深化对调查结果的分析研究程度。

2. 合理调整调查事项的顺序

在问卷调查中,调查对象的兴趣和情绪也会与问题的排列顺序有关,因此设计并合理调整问题的排列顺序,可以促进调查对象积极配合调查。

3. 敏感性问题的处理

敏感性问题是指所调查的内容涉及个人隐私而不愿或不便于公开表态或陈述的问题。对于敏感性问题,如果直接提问,被调查者往往会拒绝回答或回答不实。因此,必须注意提问的技巧。

(1)淡化陈述法

对于敏感性问题,在提问时,淡化陈述,隐晦表达。

(2)分段答复法

就是将调查访问分两阶段进行,设计两张问卷。第一阶段对一般性问题进行调查,第二阶段则将带有敏感性的问题问卷留下,由被调查者自行回答后再匿名邮寄给调查组织者。一般来说,使用邮寄回复的方式搜集个人隐私的资料,会比直接访问来得有效。

(3)扩大答复范围法

对有关金额或次数的问题调查,被调查者往往会担心有负面影响,这时可将答案数据范围扩大,以避免被调查者不好意思而拒绝回答或回答不实。

(4)利用卡片法

将敏感性问题分为"是"与"否"两类回答并做成卡片,在回答问题时,调查者回避,由被调查者选择一种答案的卡片放入投票箱中。

(5)随机化回答法

准备一个大小、形状、重量完全相同、且装有两种颜色(如红和白)小球的密封箱子,令被调查者在箱中随机摸一球(不向任何人展示),若抽中红球回答前一问题,抽中白球回答后一问题,并且要调查者回避,这样被调查者能放心作答,调查完毕后,调查组织者再根据其结果计算回答前一问题人数的百分比,就可得到所需结果。

四、资料清单

在总结分析会的基础上,明确在评价的整个过程中,需要收集哪些数据,采取怎样的方式去收集。在评价过程中,大部分文本形式的资料,采用资料清单的形式进行资料收集。

实践中,以下资料可以通过资料清单的形式进行收集。

(一)项目基本情况

1. 项目立项情况

对项目立项的申请及批复程序、项目立项过程中所提交的材料、项目立项及批复文件、项目实施方案、项目方案调整等文件资料进行收集。

2. 目标设定情况

包括项目绩效目标申报表、部门或项目中长期规划、政策目标文件等。

(二)项目管理情况

1. 项目制度建设及实行情况

对项目管理办法等制度、项目制度执行情况及项目监督情况、项目管护制度的执行情况等评价,需要收集项目招投标制、监理制、公示制、管护制等相关制度资料;收集项目招投标文件、监理日志、公示及管护手续移交等制度执行情况的资料。

2. 项目管理

收集项目实施过程中的监督检查记录、定期或不定期的检查记录、竣工验收报告、审计报告、管护责任落实文件等相关文本资料。

(三)资金情况

对资金的来源及分配情况、资金拨付及使用情况、资金管理制度及执行情况等资金流动过程中涉及的文本资料进行收集,核实资金申请及拨付的金额和时间点,对资金到位情况、资金使用情况,拨付是否及时、使用是否专款专用、制度是否健全、执行是否有效等情况加以了解。

收集资金申请、拨付分配等资金审批拨付文件,以及资金管理办法、资金报账、会计核算等财会制度,资金使用的相关会计凭证或账簿等资料,预决算报表,资金支出进度情况表,资金年度报表等文件。

(四)项目相关资料

包括部门职能、年度工作计划、项目年度报告、近三年的工作总结等与项目相关的资料。

第二节 制定方案

一、方案制定流程

前期分析会主要是分析绩效评价关注点、明确评价思路和确定需要收集的数据资料,绩效评价方案是对前期分析会的总结、完善和规范。

(一)明确评价目的、了解项目情况

在前期分析会中,明确绩效评价的目的,从而确定绩效评价的侧重点;了解项目情况,是确定评价过程中需要了解的项目情况和需要收集的数据资料,列出资料清单等。

(二)确定评价关注点

在前期分析会的基础上,整理、分析绩效评价关注点,为方案的制定做准备。

(三)明确评价思路

整理总结前期分析会中讨论的项目情况,明确评价思路,确定绩效评价的依据、绩效评价的标准、绩效评价的方法以及构建评价指标体系等。

1. 确定绩效评价的依据

明确绩效评价的依据,即与评价项目有关的法律法规和制度,如预算法;项目立项申报有关资料,如项目预算申报书、可行性研究报告、验收报告以及绩效目标等。这些相关依据应作为绩效评价报告的附件,是绩效评价分析和结果形成的支撑所在。

2.确定绩效评价的标准

绩效评价的开展,需确定绩效评价的标准,即在实践操作中,进行前期分析,结合评价关注点,根据实际情况,通过评价的目的、评价对象的特点、评价的环境、信息采集、技术标准的适用范围等条件来确定绩效评价的标准。目前实践中大多采用计划标准和历史标准。计划标准是根据事先制定的目标、计划、预算、定额等预计数据与实际效益情况对比分析,进行评价;历史标准是以同类支出的历史数据为基础,结合实际情况,对项目进行分析评价。

在绩效评价过程中,一般采用定性标准与定量标准相结合的方式。定量标准,通常是建立在数据资料及有关统计信息的基础上,综合运用统计学的方法,按照资料的搜集、数据的整理、统计应用分析三个步骤,对标准值进行测定,但目前使用中更多的定量标准是计划数;定性标准,是定性指标进行综合分析判断的客观参照,一般根据评价指标的概念与内涵,运用一定的评语确定财政支出绩效结果。在绩效评价中,许多指标,尤其是许多效果指标都难以量化,所以定性指标和标准在绩效评价中的作用是不可或缺的。

3.构建绩效评价指标体系

将前期准备会已建立好的项目评价指标体系与项目实际情况再次进行核对,修改完善、查漏补缺,将绩效评价指标体系附在评价方案之后。

4.确定绩效评价的方法

绩效评价的开展,要确定绩效评价的方法。根据构建的评价指标体系,结合成本或效益是否可以量化,进行定量和定性方法的初步确定,再根据实际情况,结合绩效评价的依据和标准,选择合适的方法进行评价,包括成本效益法、最低成本法、比较法、因素分析法和公众评判法。

(四)制定评价工作程序和时间安排

制定评价程序和时间安排,首先要结合前期项目分析会,选择合适的调查方法,在项目实施过程中予以实施,对绩效评价所需数据资料进行收集和整理,包括案卷研究、现场勘查、问卷调查、听取汇报、专家咨询等,此类调查方法在评价实施章节进行详细介绍。

明确前期准备、具体实施和分析评价实施阶段的工作内容和采取的主要调查方法,根据绩效评价工作开展需要,合理制定评价各步骤的时间安排,保证各项工作程序的有序进行。

(五)估算绩效评价费用

估算绩效评价费用,是对绩效评价工作全过程的费用进行合理的评估计算,根据绩效评价工作展开的各阶段日程及时间安排,结合各阶段工作的主要内容,对费用进行计算,包括评价工作中涉及的人力、物力等成本。

二、撰写方案

评价方案内容主要包括评价目的、评价对象和范围、项目概况、评价内容、评价依据、评价原则、评价方法、评价关注点、评价标准、评价工作程序及时间安排、开展绩效评价工作对相关部门的要求、资料收集、报告提纲拟定和评价费用等方面的内容。

(一)评价目的

评价目的主要是合理配置资源,优化支出结构,规范资金分配,提高资金使用效率,促使资金效益最大化。

(二)评价对象和范围

评价对象主要是财政资金,评价范围主要包括项目实施的空间范围和时间范围。

(三)项目概况

主要是对项目的基本情况进行陈述,包括项目的立项情况或决策背景、项目的计划任务和资金投入等情况概述。

(四)评价内容

评价内容主要是对项目的决策立项情况、项目管理情况、资金管理情况、产出及效果情况等进行阐述。

(五)评价依据

评价依据主要是项目相关法律规章制度、中长期规划、项目管理和资金管理相关制度、相关标准等。

(六)评价原则

预算绩效评价实施应遵循科学规范、公平公正、分级分类、绩效相关的原则。

(七)评价方法

绩效评价的方法主要包括成本效益法、比较法、最低成本法、因素分析法和公众评判法等,结合项目实际情况,选取合适的方法进行阐述。

(八)评价方式

评价方式包括评分方式、评分标准和评价结果。

1. 评分方式

评分方式是明确项目怎么评价,对采取怎样的打分方式、如何计算绩效评价得分等进行阐述。

2. 评分标准

评分标准是按照评价指标体系的评分原则进行打分评价,总分设置100分,根据评分标准,达到要求的指标记标准分满分,不能达到标准的根据评分标准打分,得分最低为0分。

3. 评分结果

根据财政部有关文件规定,绩效评价标准大体上分为"优、良、中、差"四等,根据计算结果的分值,确定评价对象最后达到的等级。

(九)评价工作程序及时间安排

评价工作程序及时间安排是根据绩效评价流程,明确项目绩效评价各环节工作任务和时间安排,对实施评价进行日程安排,明确任务量和时间节点。

(十)开展绩效评价工作对相关部门的要求

开展绩效评价工作对相关部门的要求是对各方主体职责进行明确,协调配合绩效评价工作的开展。

(十一)资料收集

资料收集主要是对收集资料的方式和收集资料的内容进行阐述。

(十二)报告提纲拟定

报告提纲拟定主要是对项目绩效评价报告的框架进行拟定。

(十三)评价费用

评价费用主要包括人员费用、差旅费用、办公费用及其他费用。

第三节 评价实施

一、数据收集

(一)数据收集

数据是可测量的客观事实,把通过观察、测量所获得的事实用数字这种人人都明白的语言表达出来。数据获取的途径:历史数据,即来自统计报表和检验记录;新数据,即通过现场采集获得的数据。

评价数据的获得应符合成本效益原则,在合理成本的基础上收集信息就要求评价指标在满足评价目标的前提下要尽量精简,减少评价指标之间的信息重复,选定的评价指标应承载尽可能大的信息量,从而可以降低评价指标信息收集的成本。如目标完成程度和效益之间,设置评价指标时就应注意重复的问题。

评价机构根据评价工作要求,到被评价对象现场采取勘查、问询、复核等多种方式收集基础资料,资料包括评价对象的基本情况、财政资金使用情况、评价指标体系需要的各种数据资料等。关键在于要始终围绕评价指标来收集资料,以利于评价打分。

1. 数据收集的原则

数据收集应遵循真实性、准确性、有用性原则。

(1) 真实性

数据收集必须真实，数据的取得必须是真实客观的，不是伪数据，在使用历史数据时，尤其要确认数据的真实性，保证数据客观真实。

(2) 准确性

准确性是指数据记录的信息是否存在异常或错误。数据的收集必须是准确的，这是保证数据分析结果准确的前提。

(3) 有用性

数据收集的目的是使用即进行数据整理和分析。但实践中往往因为目的不明确而采用了无用的数据，或在采集数据之前未明确分层因素，造成收集的数据可用性差。实践中，收集有用的数据，保证分析结果的全面性。

2. 数据收集步骤

(1) 确定数据收集内容

在数据收集之前，根据评价方案中对数据的要求，即评价需要哪些数据支撑，需要收集哪些数据，确定数据收集的内容，明确数据收集的范围。

(2) 确定数据来源

根据收集的数据内容，确定数据的来源，一般是被评价单位根据评价机构评价工作需要，提供填报数据；实践中，根据评价工作需要，自行采集数据，就要进一步明确数据的来源，从哪里获得，以怎样的方式获得。

(3) 收集数据

收集数据，则是在确定数据来源的基础上，采集数据。

①文献研究，收集数据

根据绩效评价的工作，从历史案卷、政策法规等文献中收集出有关的数据，然后进行初步筛选，选出有用的数据，收集整理。并根据评价需要，为填报数据和现场收集数据做好准备。

②填报基础数据表，收集数据

根据绩效评价工作需要，向有关部门发放基础数据收集表，填写基础数据,这是最传统的数据收集方法。

在收集原始数据后,要审核数据。在收集的基础资料之上,对其进行分类整理,对相关资料进行核实和全面分析,要求被评价单位对缺失的资料及时补充,对存在疑问的重要基础数据资料进行解释说明。

通过基础数据的审核,了解被评价对象的基本情况,分析被评价对象可能存在的问题,根据工作需要确定实地勘查的内容,为必要的现场勘查做好准备。

③现场勘查,收集数据

实践中,根据评价需要,进行现场勘查,通过听取情况介绍、实地进行考察、发放调查问卷、广泛座谈询问、对照查证复核等方式,对项目有关情况和基础材料进行核实,掌握第一手评价资料。

(二)数据分析

数据分析是分析评价的过程。在收集数据的基础上,对数据进行处理、分析和评价。

1. 数据处理

数据处理是数据分析的必要基础,是对收集的数据进行分析和加工的过程,是从已经收集的数据中提炼并推导出有价值的信息。

数据处理中,利用 spas 等数据处理软件,将文字表达的信息转化成数字化的信息,便于数据分析。

2. 数据分析

数据分析是在数据处理的基础上,利用统计分析的方法,对收集的数据进行分析,提取有用的信息,形成结论。

二、实地调研

实地调研,是通过现场勘查、访谈和问卷调查等方式对项目的建设及完成情况进行核实,对项目实施效果进行勘查,对项目受益对象的满意度进行调查。

(一)现场勘查

现场勘查是根据调查目的的需要,运用科学的工具进行测量或直接感知,有计划地对处于自然状态下的项目情况和资金使用状况进行考察的方法。评价机构深入评价单位,现场勘查,对于项目,可以从管理机构入手,从管理、设立和分配资金审查;同时从项目单位入手,对目标完成情况和资金使用情况进行审查;从项目点入手,对项目的建设及完成情况进行核实。

在实际勘查过程中,应遵循客观、全面、深入和持久的原则,选好勘查对象和环境,选准勘查时间和场合,灵活安排勘查程序,与被调查者建立良好人际关系,尽量减少由于勘查活动引起的被调查者的反应性心理和行为,造成反应性勘查误差,及人为假象造成的勘查误差。

(二)问卷调查

先根据评价标准、评价指标和评价方法的数据需求,设计调查问卷,通过发放和回收问卷的形式,收集信息,通过数据处理的方式,收集数据。发放问卷调查是确保有关定性指标真实、准确的基础,主要由评价人员亲自发放和回收,不得经由评价客体内部人员间接发放或回收。问卷调查表的发放范围和数量由评价机构根据评价工作的实际情况确定。

问卷调查的要求:分值(应考虑适当的分值);问题的数量;样本数量;方式方法。

(三)访谈

访谈者通过与被访谈者面对面口头交谈或电话交流等方式,双向传导互动,直接向被访问者了解项目实施情况、项目影响及项目效益情况的调查方法。

访谈前,准备好访谈提纲,学习与调查项目有关的知识,了解项目基本情况和相关政策,选准访谈对象,尽可能了解被访谈者,同时选好访谈时间、地点和场合。

访谈开始时,简明扼要地向被访谈者说明访谈目的,消除其疑虑;具体说明访谈者需要何种信息(如有可能的话,举例),让被访者了解访谈所需的时间;说明项目背景情况;确定被访谈者能提供可靠的、必要的信息,向被访谈者说明其所提供的信息重要程度,如有必要,向被访谈者保证不会泄露任何谈话内容;如有可能,向被访谈者提供调查结果等资料。

访谈进行时,虚心向被访谈者请教,以礼待人,平等交谈,保持中立,同时注意访谈过程中的语气及用词。

面对面访谈时,注重访谈过程中的非语言信息。衣着、服饰、打扮等外部形象,是一个人的职业、教养、文化品位等内在素质的反映,访谈中注意穿着得体;面部表情是内心感受的外部表现,是思想、感情信息的一种传达方式,访谈中应注意面带微笑;眼睛是"心灵的窗口",是最富于表情的器官,访谈中多与被访谈者眼神交流,感知被访谈者的心理活动等。

电话访谈有一定的难度,在采用电话访谈时,首先,准备要充分,因为问题要事先拟好,要有个较为详细的纲目,不至于在几分钟的短促访谈中,搞得手忙脚乱;其次,提问要简练;最后,记录要及时。访谈中,不要提太大的问题;不要提过多的外行问题;不要提暗示性的问题;不要提过于轻率的问题;不要提太硬的问题;不要提审问式的问题;时间宜短不宜长;语速适中,不宜过快,便于被访问者理解问题。

而在访谈提纲的设计上,注重封闭式问题与开放式问题灵活地结合使用,以开放式问题为主,封闭式问题作为补充,用于追问。具体访问问题的编制原则和编排顺序如下。

1. 具体访谈问题的编制原则

(1)每道问题只针对一个要点进行提问,且紧扣主题,不提无关问题。

(2)问题的表达清晰准确,不产生歧义,用词口语化,简单明了。

(3)避免提到带有研究者自身偏见的问题。

避免会冒犯他人的问题,以及非常隐私的问题,需尊重访谈对象(对于涉及社会民生问题的访谈尤为重要)。

2. 编排问题顺序

(1)问题的编排次序合理,符合逻辑,遵循循序渐进的提问。

(2)一般的事实性问题涉及情感、态度性问题、比较敏感的问题。

在访谈提纲的问题确认时,首先要明确是向谁了解情况,想要了解什么样的情况,为什么要了解这些情况,为什么从这个被访问者这里了解这些情况等。

在访谈时,掌握访谈技法,主导场面,善于引导,控制好语速,对执笔记录分工明确,但也不要过于主动,不要诱导被访谈者或帮其下结论,不要一开始过于抬高被访谈者的地位,比如"您的信息很重要"之类的,在介绍访谈目的及基本情况时不要用"可能"等字眼。

(四)听取汇报

听取汇报主要是通过听取各方责任主体(项目管理单位、项目实施单位、项目施工单位、监理单位、管理单位等)对项目的建设和实施情况进行汇报,对项目效益情况进行分析,从而对评价对象的目标设定及完成情况,组织管理制度建立健全及落实、资金落实及支出,财产管理、使用、处置等情况,项目效益情况,项目实施过程中的亮点及难点等信息进行采集。

以上几种调查方法,在绩效评价实施过程中,结合实际情况综合使用。比如,评价关注点是政策知晓度或满意程度的,采用问卷调查或访问的方式,向相关受益群体发放问卷或进行访问,收集相关数据资料,加以分析评价。

三、综合打分

综合打分,是指在通过数据收集和现场勘查对项目情况了解的基础上,对项目进行绩效分析、综合打分评价,形成结论。

(一)评价资料分析

评价资料分析包括数据资料收集的信息、现场勘查数据及结果分析、电话访谈结果分析、问卷调查结果分析等,通过对收集的基础评价资料以及每位评价人员所掌握情况的相互交流分析,使评价机构所有人员充分了解足够的信息,要求每位评价人员掌握评价指标和标准,根据资料分析情况可以对有关评价标准做进一步细化,便于统一打分,力求避免主观随意性。

(二)评价人员打分

绩效评价工作人员通过对绩效评价开展过程中收集的数据资料进行分析,根据绩效评价指标体系,分别打分,最终汇总形成综合成绩,确定评价等级。

每位评价人员对评价结果要签名,保留工作底稿,以便明确责任。参与评价人员应严格按照要求进行评价,确保评价结果的独立、客观和公正。不得在规定程序之外对评价工作施加倾向性影响。

(三)形成评价结论

根据收集的评价资料分析、绩效分析和绩效评价打分结果,对项目管理过程中的经验做法及亮点进行提炼,对存在的问题进行讨论,分析成因,并结合实际提出建议或意见,综合归纳,形成结论。形成的评价结论关键是:实事求是、揭露问题、分析问题、提出建议。

第四节 撰写报告

撰写报告是在项目绩效评价实施的基础之上,对绩效评价报告进行撰写。评价报告包括表格部分和文字部分。实践中,主要是确定评价报告初稿,并根据意见进行修改,最终定稿。

在撰写报告时,可以根据绩效评价工作需要,组织分工,对评价报告各部分内容进行撰写,最后统一成一份完整的绩效评价报告;也可以由小组成员根据分工安排,对报告各部分内容进行整理,统一交于报告撰写人,由报告撰写人进行资料总结归纳,撰写报告。

根据评价项目组的构成,报告撰写分工可以如下进行:由调查组对报告内容中的项目基本概况进行整理;由综合组对报告内容中绩效评价的组织实施情况进行整理;由技术组对报告内容中绩效评价指标体系、评价标准和评价方法进行整理;由财务组对报告中绩效目标的实现程度进行整理；各小组根据评价实施过程中的实际情况，提出存在的问题，讨论、总结、归纳后，由考评组撰写评价报告内容中存在问题及原因、评价结论及建议部分，完成绩效评价报告的初稿。在初稿的基础上，由评价组对该绩效评价报告进行统稿，由综合组对报告进行校正，由项目负责人对报告进行审核。

一、撰写流程

撰写绩效评价报告是一个将评价转化成文字的过程，需要将绩效评价中掌握的情况及收集的相关数据资料进行分析整理，重点是对项目的立项情况、项目执行情况、取得的绩效、存在的问题等方面进行归纳，提炼项目亮点，并提出相关的建议，最后按规定格式形成文字。

要撰写出一个好的绩效评价报告，首先，做好各项基本工作是根本，只有把评价工作做实了，掌握了大量的第一手资料，写报告才能有充足的素材，游刃有余。其次，要善于分析，把项目实施的各种情况加以梳理，理清脉络，查找问题，解决问题。最后，要按规范格式行文，这样写出来的报告，才具有参考价值。

（一）绩效评价分析

绩效评价分析是绩效评价的重要环节，直接影响评价结果和报告质量。

进行评价分析，首先需要对项目评价所需的内部信息和外部资料进行系统的收集并甄别出真实、相关、重要、有效的信息，形成评价数据资料。其次，对形成的数据资料进行综合分析，根据评价要求进行全面的评价。

（二）撰写评价报告

绩效评价报告是实现预算管理职能的重要载体，为项目资金安排提供重要参考依据；也是整个绩效评价工作成果的浓缩与精华，体现绩效评价工作能力水平，是绩效评价结果应用的重要依据。

绩效评价分析后，形成绩效评价结论，撰写绩效评价报告初稿，将绩效评价分析的最终结果在报告中呈现出来。

(三)初稿意见征集

评价小组就形成的绩效评价报告初稿与各利益相关方进行沟通,听取并收集他们的意见和建议,作为绩效评价报告初稿修改的依据。

(四)修订评价报告

与各利益相关方沟通后,评价小组在考虑其意见和建议的基础上修订绩效评价报告初稿。

(五)形成评价报告终稿

根据各方要求,对绩效评价报告进行不断修改和完善,最终形成绩效评价报告终稿。

二、撰写要求

(1)评价报告要按照规定格式撰写,各部分内容要齐备完整,缺一不可,并按规定顺序展开。如不能缺少项目绩效评价分析、评价结论等。

(2)文字要简练,层次条理要清晰,特别是评价结论、主要经验及做法、存在的问题与相关工作建议,要分点陈述并且有归纳句,明确其逻辑层次,找到其内在关联。评价结论需详细说明评价对象实施所取得成效。

绩效评价报告中所提建议往往是发挥资金效益和加强项目管理等方面的有效措施,也是开展财政支出绩效评价工作的价值所在。

(3)表达形式新颖,数据尽量用图表展示,采用客观反映项目实际绩效的照片,关联性强,主题要突出。

总之,撰写绩效评价报告的总体要求是格式规范,内容真实;文字简明,分析准确;结论客观,形式新颖。

三、撰写方式

在撰写评价报告以前,评价组织机构要对评价工作程序、评价资料分析、评价人员打分、评价结论、问题与建议进行分析、明确提出可行性修改和完善意见。

绩效评价报告一般由标题、目录、摘要、主体报告、附件等部分构成。

(一)标题

绩效评价报告标题应当使用全称,一般采用"区域地名＋评价对象＋绩效评价报告"的形式,如T市城市交通项目财政支出绩效评价报告。

项目名称应与财政预算批复单一致;项目单位、主管部门名称必须是全称并保证信息准确无误。

(二)摘要

评价小组应当在绩效评价报告主体的基础上编写报告摘要。摘要应该简明扼要,2－3页为宜。摘要可以从以下三个方面展开。

1. 项目概述

第一段描述项目的背景、目标、资金投入、项目实施情况等。第二段描述绩效评价的目的、主要实施过程等。

2. 评价结论

第一段描述项目综合评价结论,用编号形式列示。第二段描述综合评分结果,应列示评价指标计算方法及评分表。

3. 经验、存在的问题和建议总结

用编号的形式将每条经验、存在的问题、改进建议列示出来,不需要深入展开说明。

(三)目录

目录单独占一页(另起一页),一般包括一级标题的名称以及对应的页码。目录分为两部分,第一部分为评价报告,第二部分为相关附件。需要注意的是,没有必要的话,不用一一列明附件名称。只需将附件名称进行汇总,在目录上显示对应的页码。

(四)主体报告

主体报告的论述需要大量的数据来佐证,以得出准确结论。所规定的各部分都是报告所必需的,各部分内容都必须符合格式规范。

主体报告主要由以下几个部分组成:项目背景、项目简介、评价范围、评价原则、评价目的、评价思路、绩效评价开展情况、绩效评价指标体系、绩效评价打分表、绩效评价分析、评价结论、项目亮点、主要经验及做法、存在的问题和建议。

1. 主体报告各组成部分的规定内容

根据评价报告的总体要求,评价报告必须按照规定格式撰写,各部分内容均不可缺少,并按规定的顺序开展。

(1)项目背景

简要介绍项目设立的政策依据、项目的提出原因、项目的优势分析、项目运行的可行性以及项目设立的环境背景。注意用严密的逻辑叙述,叙述要概括。

(2)项目简介

对项目基本情况和项目执行情况进行陈述,对绩效目标进行归纳。重点是项目执行情况。一是项目立项情况,主要介绍项目计划任务及投资情况、预期产出效益。项目的立项情况直接关系到后续工作实施的效果,同时也是绩效评价报告中的重要环节。二是项目执行情况。在项目实施过程中,需要适当地进行考察,并将内容计入评价报告中以供参考。项目执行情况是对项目实施进度、项目管理情况、项目完成程度、完成质量和资金使用情况的概述,以及为更好完成绩效目标而做出的各项调整,这些内容都应在报告中反映。三是项目绩效目标,项目绩效目标内容主要包括:项目立项时设定的绩效目标要陈述清楚;项目立项时没有设定绩效目标的,要归纳出基本目标。

(3)评价范围

评价范围包括项目的实施范围、时间范围,要求内容详尽简练,表达简明。

(4)评价原则

预算绩效评价实施应遵循科学规范、公平公正、分级分类、绩效相关的原则。

(5)评价目的

评价目的是整个绩效评价工作开展所要达到的目标和结果,体现评价工作的最终价值,是整个评价工作的基本导向。主要是阐述通过对绩效目标的综合评价,合理配置资源,优化支出结构,规范资金分配,提高资金使用效率,促使资金效益发挥最大化。

(6)评价思路

评级思路是总体上对开展整个绩效评价工作流程的一个综述,可以是流程图的形式,也可以是文字叙述,要注意逻辑严谨,考虑其全面性、可实现性和可操作性。

(7)绩效评价开展情况

主要包括项目绩效评价小组、绩效评价组织实施情况,开展绩效评价采取的方式方法、绩效评价的基础资料、数据的来源等情况。

(8)有效评价指标体系

绩效评价指标体系主要包括评价指标体系框架、分级指标、指标权重和评分标准。绩效评价指标体系是衡量和评价财政支出与项目实施的经济性、效率性和有效性的载体。绩效评价指标体系应是为项目量身定制的。

(9)绩效评价打分表

结合项目实际,依照绩效评价指标体系,由专家组给予对应指标相应的分值,并根据项目评价实际,综合得出该项目的绩效评价得分。绩效评价打分要做到客观准确,有翔实的资料佐证。

(10)绩效分析

绩效评价指标分析是评价报告的重点部分,包含项目资金情况分析、项目实施情况分析、项目绩效情况分析。绩效评价分析是针对主要评价指标展开分析说明,通过分析可以使报告使用者了解评价项目的全貌,尤其是得分点和扣分点。为了便于阅读和比较,一般可以使用图、表来表述项目绩效情况,清晰明了。另外,绩效分析要有量化分析,不能是一般总结性的泛述,通常采用"数据描述+简单结论"的方式展开。

(11)评价结论

绩效评价结论是评价小组通过对项目的综合分析后得出的最终结论,主要有两方面的内容。

①综合评价结论

对项目决策、管理及绩效进行概括性的综合评价,结论要求客观、中肯并表述清晰。

②综合评分结果

明确给出综合评分结果值并附指标值及评分结果表。

在对项目绩效评价的工作过程中,绩效部分要精炼,分点简要阐述,切忌长篇大论。与绩效目标相对应,不要写成工作总结。要写明评价分值、明确评价等级,目前分为四个等级:优、良、中、差。

(12)亮点及特色

项目亮点及特色应该重点从项目的相关性、效率性、效果性和可持续性等方面提炼和总结。也可以从项目性质、项目前期工作、项目工程管理、项目资金管理、项目建后管护,以及项目的绩效评价情况入手,对项目的亮点及特色进行提炼分析。

(13)主要经验及做法

对项目实施单位在项目完成过程中做得较好的方面进行具体的归纳总结,特别是对同类项目有借鉴意义的经验要求予以说明,对项目经验进行积累,为以后年度项目的开展做准备。

(14)存在的问题和建议

针对项目决策、管理和绩效方面存在的主要问题进行归纳,要求具体、有事实依据,并提出相应的意见与建议。建议一般从政策建议和改进建议着手。

提出项目实施过程中存在的主要问题,这是报告的重点部分。注意要分点陈述,总起一句,再举例细化阐述;不要与建议混在一起写:如应该……要……;问题要深入,不肤浅,透过表面现象发现问题的本质。

提出的意见、建议与问题有一定的对应关系。有一定的高度和深度,为项目决策提供依据。要具有可行性。要分点陈述,稍作展开。

2. 理清评价报告各组成部分之间的逻辑关系

(1)主体报告各规定部分之间是一个循序渐进的关系。

(2)问题与建议之间要有逻辑关联性,前面的问题要在后面的建议中得到解决。

(3)绩效分析部分扣分点与存在的问题之间有一定的逻辑联系,要注意前后逻辑层次。

3. 主体报告写作的要求

(1)主体报告各部分内容要齐备,缺一不可。

(2)层次与条理清楚,特别是绩效、问题与建议要分点陈述并且有归纳句。

(3)文字要简练,表达、措辞要言简意赅。如问题忌用"有待解决""有待改进"等类似的用语,而应直接说明。

(4)表达形式明晰,数据尽量用图表,采用客观反映项目实施绩效的照片,关联性要强,主题突出。

(五)附件

附件是项目评价过程中取得的与报告内容相关的一些附属资料,如指标和标准、必要数据表格、调查问卷情况等。

绩效评价附件是对主体报告的补充说明。主要包括一些技术性文件和评价过程性文件。附件应该包括以下几类文件:

(1)绩效评价指标体系及评分说明。

(2)基础数据表或回收的调查表。

(3)访谈和现场查勘记录。

(4)调查问卷及统计分析。

(5)项目实施单位绩效报告。

(6)其他。

四、注意事项

撰写报告常见的问题：

（1）报告内容陈述绩效时依据不充分，内容不完整。

（2）问卷调查、统计数据、发现情况没有在报告中体现。

（3）报告反映的问题不清晰、不具体；建议与问题相脱节，无对应性。

（4）节点不清晰。绩效、问题与建议应先有归纳总结句，然后具体分点陈述。

以上常见问题，在撰写报告时要注意，对该类事项尽可能避免，进而提高报告质量。

五、报告审核

绩效评价报告的审核要点。

（一）项目概况

项目单位基本情况，主要审核预算单位、项目单位的基本情况与项目申报是否一致。项目年度预算绩效目标、绩效指标设定情况，包括预期总目标及阶段性目标；项目基本性质、用途和主要内容、涉及范围。

主要审核三点。

1. 绩效目标是否指向明确

绩效目标要符合国民经济和社会发展规划、部门职能及事业发展规划，并与相应的财政支出范围、方向、效果紧密相关。

2. 绩效目标是否具体细化

绩效目标应当从数量、质量、成本和时效等方面进行细化，尽量进行定量表述，不能以量化形式表述的，可以采用定性的分级分档形式表述。

3. 绩效目标是否合理可行

制定绩效目标时要经过调查研究和科学论证，目标要符合客观实际。

(二)项目资金使用及管理情况

1. 项目资金(包括财政资金、自筹资金等)安排落实、总投入等情况分析

主要审核资金的筹措,即各项资金到位率情况。

2. 项目资金(主要是指财政资金)实际使用情况分析

主要审核项目资金的构成、各类资金的投入情况,资金的到位情况方面。

3. 项目资金管理情况(包括管理制度、办法的制订及执行情况)分析

主要审核资金拨付程序、使用程序等是否合规。

(三)项目组织实施情况

1. 项目组织情况(包括项目招投标情况、调整情况、完成验收等)分析

主要审核的是对项目资金使用单位的分析,包括项目实施的全过程,前期的招标、中期绩效目标的调整、后期竣工验收的完善等。

2. 项目管理情况(包括项目管理制度建设、日常检查监督管理等情况)分析

主要审核的是对项目单位在资金使用过程中的合规性及财政预算部门的监督管理情况等。

(四)项目绩效情况

1. 项目绩效目标完成情况分析

将项目支出后的实际状况与申报的绩效目标对比,从项目的经济性、效率性、有效性和可持续性等方面进行量化、具体分析。主要审核产出绩效与绩效目标的对比,是否具体、细化、量化。可分四个方面:经济性、效率性、有效性、可持续性。

2. 项目绩效目标未完成原因分析

主要审核资金未到位情况、绩效目标未完成情况等原因。

(五)其他需要说明的问题

1. 后续工作计划

主要审核:对项目资金形成后的资产,如何使其发挥长远效应的制度等方面进行审核。

2. 主要经验及做法、存在问题和建议

(包括资金安排、使用过程中的经验、做法、存在问题、改进措施和有关建议等)主要审核是否能够客观地对各项工作进行公正自我评价。

3. 其他

主要是对绩效报告中涉及的其他内容进行审核。

(六)项目评价工作情况

包括评价基础数据收集、资料来源和依据等佐证材料情况,项目现场勘验检查核实等情况。主要审核提交的各项资料与绩效报告、绩效目标进行对比审核,发现其中内容不完善、信息不准确的部分。

六、报送与公布

提高绩效评价工作的透明度和评价工作的效果是开展政府绩效评价工作的最终意义。如果绩效评价报告完成之后不能提供给真正需要的人员,其作用就难以发挥。

(一)要保证评价机构能独立提交和公布报告

只有独立地开展工作并报告结果,才能保证评价的客观公正。在报告和公布评价结果时,评价机构的独立性必须得到保证。评价机构应该在其法定权限范围之内,以及如何报告和公布。

(二)提高评价结果的公开透明度

如果评价结果不能公开透明,只被少数人所了解和掌握,即使是准确无误、客观公正,也难以发挥作用。评价报告向社会公布,可以接受公众的讨论和批评,充分发挥社会公众监督作用。

(三)评价报告的报送与公布应当及时

评价报告撰写后,统一使用 A4 纸打印、装订,并按要求时间报主管部门或财政部门。评价工作应按时完成,评价报告也应及时报送或公布。这样才能让有关机构和人员及时了解政府工作情况,对于发现的问题进行改正。这既是对评价执行机构的要求,也是对有关主管机构的要求。

第五节 档案归集

完成绩效评价工作后,按照档案管理的要求,评价组织机构应妥善保管工作底稿和评价报告等相关资料,建立评价工作的档案,以备查存。

由项目评价组各构成小组将其在评价过程中收集整理和分析所涉及的数据资料、工作底稿等统一收集,交给综合组,综合组按资料分类然后建立该项目评价文件夹,交给项目负责人,由项目负责人统一管理。

在实践过程中,向委托方提供报告的同时,将委托方提供的资料全数归还,不存档。

一、档案归集流程

按照绩效评价工作流程,分为前期准备、制定方案、评价实施、报告撰写四个阶段进行档案归集,即分阶段分期整理收集。在这四个阶段,工作人员要把自己经手收发的材料及时收集齐全。绩效评价报告的归档工作是随着工作流程随时进行的。

(一)准备阶段

1.项目承接,确定评价对象

收集整理评价项目基本情况表(包括名称、地区、年度、资金来源、用途)。

2.成立评价工作小组

收集评价工作小组人员名单。

3.参加前期准备会

在前期准备会工作中形成的文件有:项目分析会成果,包括项目评价关注点、项目绩效评价指标体系大体框架,资料清单以及前期准备会的会议纪要。

(二)制定评价方案

根据前期准备会上形成的项目分析成果,制定的项目绩效评价实施方案。

(三)实施阶段

相关工作人员围绕评价指标收集、整理资料:

(1)项目立项可行性报告、立项申报文件、项目批复文件等。

(2)纳入评价范围的项目预算批复文件。

(3)项目资金申请及批复文件,会计核算、财务管理等相关制度。

(4)项目资金使用支出明细表、预决算表。

(5)项目招投标制、公示制、监理制、验收制、管护制等项目管理相关制度及其执行情况。

(6)合同资料、项目验收报告、管护移交手续、管护费用安排等相关资料。

(7)调查问卷、访谈等资料。

(8)现场勘查的工作底稿。

(9)绩效评价打分表。

(10)其他与项目有关的资料。

(四)报告撰写阶段

撰写报告工作中形成的文件有绩效评价报告初稿、各利益相关者的意见及建议、终稿。

二、档案归集

(一)资料的收集管理

第一,承接项目后,档案归集工作首先要做好资料接收清单。从项目开始至项目完成期间,委托方发送给评价机构的资料应该依次填写在资料接收清单表上,并做好交接工作。

第二,资料收集整理分阶段分期进行,即前期准备阶段、制定方案阶段、评价实施阶段、撰写报告阶段;同时各工作人员要把自己经手收发的材料及时收集齐全,向项目负责人归档。

第三,撰写报告的人员应当在报告撰写完成后,将形成的相关报告的档案向项目负责人归档。

第四,每隔一年,公司指定专人与各项目负责人交接,负责绩效评价报告的归档。

(二)归档范围及办法

凡是具有保存价值的与绩效评价报告相关资料均应归档。

第一,重要文件材料在撰写绩效评价报告期间"谁收集,谁归档",包括项目基本情况表、基础数据填报表、预算批复文件、项目立项可行性报告、立项批准文件、合同资料、项目验收报告、项目财务报表等与项目有关的资料。

第二,非纸质文件材料应与其他文件材料一并归档,如电子版材料、视频文件等。

第三,完成绩效评价报告之后,收集的与项目相关的资料应及时归还给委托方,不存档,并填写资料清单表,完成移交。

第四,与有关单位签订的合同、协议书等材料由部门负责人或行政部门归档。

(三)归档要求

根据绩效评价报告的特点,归档可以分阶段分期进行,也可以在提交报告之后进行。

1. 完成报告期间应遵循的要求

(1)根据文件的形成规律和特点,分类保存,区别不同的价值,便于保管和利用。归档过程中,应按照项目分类归档,按评价工作流程分阶段归档。

(2)归档的文件材料种类、份数以及每份文件的页数均应齐全完整。

(3)将每份文件的正件与附件、批复与请示、印件与定稿分别立在一起,不得分开,文电应合一归档。

(4)档案文件材料应区别不同情况进行排列,密不可分的文件材料应依序排列在一起。即请示在前,批复在后;原件在前,附件在后;印件在前,定稿在后;其他文件材料依其形成规律或特点,应保持文件之间的密切联系并进行系统的排列。

(5)完成报告期间,由委托方发送的原始资料数据,在报告结束之后应如数归还委托方。

2.提交报告之后应遵循的要求

(1)作为归档的报告,应字迹清楚,图表整洁。

(2)工作底稿的内容必须真实、准确、与评价报告实际相符合。

三、档案保管

根据项目归档情况,对项目的档案进行保管。各项目相关的纸质版档案保存期限一般为一年,相关的电子版档案保存期限为三年;根据项目档案的实际保存价值,对项目档案的保存期限做适当的调整。

四、档案移交

做到提交绩效评价报告的同时即归还资料,对照项目接收清单归还委托方发送的与绩效评价报告相关的资料,并编制填写项目资料移交清单,签字确认,完成交接。

(一)移交

移交是档案交付人和档案接收人之间对档案管理权限和职责的移交。在项目完成后,尽量做到委托方提供的资料如数归还,做好交接记录。

(二)监交

监交是对档案移交过程的鉴证和监督,因此档案移交,必须安排专人负责监交。档案监交人员要认真履行职责,坚持原则,按程序办理,并做好交接记录,签字确认。

五、档案利用

提交完报告,归还完相关资料之后,原则上绩效评价报告的档案只剩绩效评价报告和工作底稿,档案的利用另一层面上也就是指绩效评价报告及工作底稿的利用,档案利用应注意以下几点:

(1)部门绩效评价报告只有公司内部人员可以借阅。

(2)根据保存的工作底稿,建立数据库,以备查存。

(3)必须爱护绩效评价报告,保持整洁。不准在档案材料中写字、画线或做记号等。

(4)不准转借,必须专人专用。

(5)用毕按时归档。

第十一章 我国预算绩效目标管理的实施路径

随着我国预算管理体制改革的不断深入和公共财政框架体系的逐步建立,强化预算绩效管理,从资金分配、使用、监督到评价的全过程均需树立绩效理念,不断提高资金分配的科学性,提高财政资金的使用效率,这已经成为财政管理工作中一项十分重要而迫切的任务。如何在现有的财政预算管理体制下做好财政支出绩效管理工作,使有限的财力实现更大的效益,是我国当前财政支出管理面临的新课题。

绩效管理工作是预算管理的重要环节。近年来,我国的财政收支规模快速增长,但财政资金供求矛盾日益凸显。开展财政支出绩效管理工作不仅有利于加强我国财政支出管理,建立科学、规范、高效的财政资金分配和管理体系,逐步改变目前存在的"重收入、轻支出,重分配、轻管理"的财政管理现状,而且有利于提高财政支出的效益,进一步促进社会经济发展。

第一节 我国绩效管理的探索

我国财政支出绩效管理工作始于20世纪80年代初期,被列入财政改革的议事日程是近几年才明确的。相对一些西方国家而言,我国财政支出绩效管理目前尚处在起步阶段。但近年来,伴随"廉洁、高效"政府和公共财政的建设,财政支出的绩效问题越来越引起重视。从中央到地方,对绩效评价、绩效预算和政府绩效管理的理论研究和实践探索逐渐成为关注热点。

从各地绩效管理的实践来看,绩效管理工作要想取得实效,政府必须

主动出击,理顺工作机制和业务流程,夯实评价基础。总结各地实践经验,当前绩效管理的主要路径包括以下几方面:

(1)绩效目标申报,包括绩效目标申报内容和绩效目标的逻辑结构。

(2)绩效跟踪,从绩效跟踪的价值、内容、实施方法和绩效目标调整等几方面,对绩效跟踪进行研究。

(3)绩效自评价,包括绩效自评价的内涵、意义、原则和自评价报告。

(4)绩效评价,从实施的角度,提出绩效评价的原则和方法、阐释绩效评价报告。

(5)绩效评价结果应用,分析绩效评价结果应用现状,提出绩效评价结果应用的主要举措,明确绩效评价结果应用的方向。

第二节 绩效管理的实施路径

一、绩效目标申报

(一)绩效目标申报的主要内容

绩效目标是预算绩效管理的基础,是整个预算绩效管理系统的前提,包括绩效内容、绩效指标和绩效标准。预算单位在编制下一年度预算时,要根据政府关于预算编制的总体要求和财政部门的具体部署、国民经济和社会发展规划、部门职责及事业发展规划,科学合理地测算资金需求,编制绩效目标。绩效目标应与部门目标高度相关,并且是具体的、可衡量的、一定时期内可实现的。预算单位应当在分析项目目标对象现状的基础上,充分考虑各种因素的影响,合理预测,制定出项目实施后要达到的目标,并明确为达到绩效目标拟采取的工作程序、方式方法、资金需求和其他资源需求。

在绩效目标申报中,绩效目标设计是核心也是难点。随着我国财政体制改革的不断深入,绩效目标申报的重要性已被人们所逐步认识。但是,绩效目标的深刻意义和作用还没有被广泛理解,绩效目标的设计工作因此步入困境。在解决这一问题之前,我们需要进一步了解绩效目标的特征、原则、构成要素及目标编制的要求。

绩效目标的特征包括以下内容:

第一,协调性。这包括两层含义:一方面,目标要与社会经济发展及部门战略相匹配;另一方面,预算与产出要匹配,要依据公共服务的量和质来精细测算预算,保证有效供给。

第二,发展性。作为部门提出的绩效目标,应该保持一定的超前性,毕竟社会经济在发展,人力资源和科技也在发展,要从发展的角度科学地测算绩效目标。

第三,可实现性。绩效目标一定是可以实现的,并可以通过相应的指标予以评价。

第四,多元性。公共部门的职能相对单一,但是公共服务具有外溢性,对公共价值的评价也应该具有多元特征,如同时考虑其经济性、社会性、政治性、生态性效益等,并考虑定性与定量相结合。

绩效目标的编制要遵循"SMART"原则:①目标必须是具体的(Specific);②目标必须是可以衡量的(Measurable);③目标必须是可以达到的(Attainable);④目标必须和其他目标具有相关性(Relevant);⑤目标必须具有明确的截止期限(Timebased)。

绩效目标的制定一般包括以下要素:①时间。作为经常性经费,一般都是以财政年度为期限,对于具体专项,则应根据项目的完成周期来制定目标。②预算。要完成既定的绩效目标,就要精细测算需要多少公共资金、社会资金等。③产出。对应预算,需完成的具体工作和公共服务。④效益。由公共服务的提供而带来的社会、经济、环保等综合效益,以及利益相关者的满意度等。

绩效目标制定要遵循以下要求:①以增加社会公共价值为方向。公共资金作为纳税人的钱,其使用不是为了满足个人需求,而是为了社会整体利益。因此,目标制定的根本目的也是实现社会价值,增进社会整体福祉。②有利于落实部门自主权。目标应由部门自主申报,但最终要由财

第十一章 我国预算绩效目标管理的实施路径

政部门确认,并通过文件或其他契约形式予以确认。同时,用款部门始终是绩效的责任主体,需要通过其自主和专业化的管理来实现财政资金的公共价值。③客观、公正、公平。目标的制定应该实事求是,不能浮夸,也不能隐瞒,要保持信息的公开和透明,通过多方参与来制定、监督目标的申报和执行情况。④以促进管理为归宿。目标管理不是为了约束部门用款和干预部门管理,而是通过目标导向来促进和提升部门加强管理,并通过科学化管理来提高管理绩效。

在编制绩效目标过程中,可以从规划来定位目标,"绩效指标"是绩效目标的具体化,绩效指标是衡量绩效目标实现的核心要素,制定与目标相匹配的指标是绩效目标管理的重要内容。

指标制定应坚持以下原则:①相关性原则。绩效评价指标应当与绩效目标相匹配,要能够正确反映目标的实现程度。绩效指标是反映绩效目标的最核心内容和维度。②重要性原则。能够用来反映绩效的指标很多,考虑到评价的成本以及评价的重点,应选择与绩效目标相关性高的指标,优先使用最具部门(单位)或行业代表性、最能反映评价要求的核心指标。③系统性原则。绩效评价指标的设置应当将定量指标与定性指标相结合,全面反映财政支出的产出以及所产生的社会效益、经济效益和可持续影响等。④非重复性原则。指标在遵循系统原则的前提下,对性质相似的指标往往难以取舍,使得反映同一方面业绩的指标被重复估算,从而提高相对的权重,也增加评价的成本和工作量。因此,需要对评价的指标进行因素分析,对于相似的指标根据其反映某方面业绩的相关度,选择相关度高的,而去掉相关度低的指标。⑤简洁性原则。绩效评价指标设计应当通俗易懂、简便易行,数据的获得应当考虑现实条件和可操作性,符合成本效益原则。

完整的绩效目标设计应包括以下内容:①预期产出,包括提供公共产品的数量和质量,如培养多少学生,补贴多少人员等。②预期效果,包括经济效益、社会效益、环境效益和可持续影响等,如创汇、利税、利润率、COD(化学需氧量)排放量、发明专利数量、高级职称人员比例等。③服务对象或项目受益人满意程度。④达到预期产出所需要的成本资源。⑤衡量预期产出、预期效果和服务对象满意程度的绩效指标。⑥其他。

(二)绩效目标的逻辑结构

随着资金的使用,公共事业的发展目标是一个目标体系,具有内在的逻辑结构,其既有总目标,也有年度阶段目标,还包括与资金职能相对应的分目标,反映了资金可能产生的多元价值和多元效益。

(1)"总目标"是指对项目资金预期支持部门、单位发展战略实现程度的总体描述。

(2)"阶段性目标"是指根据总目标,对跨年度项目设计的分年度目标。

(3)"分目标"是从资金管理、使用、产出、结果、影响力等方面对阶段目标进行的分解,具体包括:预算管理、产出、经济效益、社会效益、环境效益、可持续发展、社会评价等。

(三)申报与审核

科学规范的绩效目标申报流程,是保证绩效目标顺利实现的先决条件。绩效目标申报环节的有效性、科学性和规范性,是绩效管理工作的重点内容。

绩效目标的审核,是绩效目标申报过程中的关键内容之一。财政部门作为审核的主体,应依据国家和本市相关政策、财政支出方向和重点、部门职能及事业发展规划等对预算单位提出的绩效目标进行审核。绩效目标的审核主要包括以下内容:①目标与部门职能的相关性;②为实现绩效目标拟采取措施的可行性;③绩效指标设置的科学性;④实现绩效目标所需资金的合理性等。绩效目标不符合要求的,财政部门应要求报送单位调整和修改;审核合格的,进入下一步预算编审流程。

二、绩效跟踪

(一)绩效跟踪的价值

财政支出绩效跟踪监控是预算绩效管理的重要环节,通过绩效跟踪可以对财政支出行为过程及预期结果进行客观、公正的检查和制约,从而不断完善绩效管理,进一步落实支出责任,加快绩效预算执行进度,更好地实现绩效目标。

为了保证绩效跟踪的有效实施,需建立一套完整、科学的绩效跟踪体制,明确绩效跟踪主体的责任,划定绩效跟踪对象的范围,保证绩效跟踪结果的有效应用。此外,主管部门应严格执行审批制、备案制,确保绩效跟踪工作的顺利开展。在绩效跟踪过程中,财政部门可以自主跟踪,也可以委托第三方机构进行跟踪,这样可以分担绩效跟踪过程中繁重的工作任务,有利于绩效跟踪工作的有效实施。

(二)绩效跟踪的主要内容

财政部门应根据(部门)单位制订的项目绩效目标,结合项目预算拨款管理,对财政支出绩效进行跟踪监控。财政部门可定期对预算部门(单位)监控措施的制定和落实情况、项目执行进度和绩效目标实现情况进行检查,提出改进意见和措施。

在项目实施中,预算部门(单位)也要建立绩效跟踪监控机制,持续地监控项目各项活动的进展情况,监测和评估项目达到预期结果的可能性,定期采集绩效信息并汇总分析,对绩效目标的实现情况进行跟踪管理和督促检查,纠偏扬长,促进绩效目标的顺利实现。在跟踪监控中发现绩效目标实现程度与预期绩效目标发生偏离时,要及时采取措施予以纠正。

(三)绩效跟踪的实施方法

为了有效地开展绩效跟踪,需采用科学、合理的方法,深入了解财政经费投入规模以及财政资金管理和使用的效率、效益状况,为政府进一步调整和优化公共财政支出结构和教育资源配置决策提供科学依据。

绩效跟踪可以选择以下几种方法:第一,填报数据。财政部门可以根据项目的绩效目标,采集相关数据,如财务数据、业务数据等,通过数据分析,监测项目进展情况。第二,上门核查。通过上门核查的方式,监控项目各项活动的进展情况,并可复核上报数据的真实性。第三,建立绩效跟踪报告制度。在绩效跟踪过程中,不同阶段的跟踪情况,应形成绩效跟踪报告,反映项目的实施情况以及需要调整和改进的事项,进而确保绩效跟踪结果的有效应用。

(四)绩效跟踪与绩效目标调整

通过对项目绩效的跟踪评价,不断与绩效目标进行比对,并考察项目实施的进度和质量,从而确保绩效目标的顺利完成。此外,可以根据绩效跟踪评价的结果,对不完善的绩效目标进行合理调整,保证项目实施结果的科学性和完备性。

在绩效跟踪结果的应用过程中,要完善绩效跟踪整改制度,确定整改流程,明确绩效跟踪各相关部门的责任,并从下达整改意见、进行整改、修订绩效目标、上报和审批等方面出发,进一步建立科学、完备的绩效跟踪结果应用体系。

三、绩效自评价

(一)绩效自评价的内涵

绩效自评价是指预算部门每年在编制预算工作时,必须填报绩效目标申报表和相关个性指标,在下一年度项目完成后,依据申报目标,检验项目财政资金的使用效益。

(二)自评价的意义

1. 自评价是绩效管理的重要环节

绩效管理的目的是通过绩效评价来提高部门和单位的资金使用效率。部门和单位是资金的使用者,理应对资金的使用效率负责并做出相关说明。自评价工作就是部门和单位通过对照立项时自己申报的绩效目标,来评价项目完成情况的一项工作,是绩效管理的重要环节之一。

2. 自评价是落实部门绩效责任的重要手段

预算绩效管理要求预算单位在预算申报环节必须说明四个方面的内容:预算依据、实施方案与条件保障、绩效目标、预算的详实计划安排。专家根据部门和单位申报的四项内容结合自身的专业水平进行评价,判断项目立项与否和立项金额多少,对部门单位提出的事情和需要花钱的多少就有了一个科学的判断。只有合理的项目才能得到专家的认可,才能顺利拿到预算资金。通过这种机制倒逼部门单位改变工作思路和理念,从过去的"先拿钱再来想怎么干事",转变到必须"先想好干什么事,怎么干好事才能拿到钱"的轨道上来,必须把精力投入工作当中,提高工作的预见性,细化工作的安排;否则,预算申报上去,专家的评价通不过,拿不到钱,就什么事也干不了,这样通过财政绩效管理深刻地改变了部门和单位的工作思路和工作理念。

3. 自评价是绩效评价的深化和推广

狭义的绩效评价是财政部门对财政资金使用效率的评估,属于财政监督的一个范畴。但广义的绩效评价主体不局限于财政部门,而是包含所有的资金使用单位。财政资金是社会公共资金,任何使用财政资金的单位都有责任对财政资金的使用效率负责。

因此,部门单位的自评价工作是对绩效评价的深化和推广。

(三)自评价的原则

为了全面、科学、规范地开展自评价工作,自评价应当遵循以下基本原则:①科学规范原则。自评价应当注重财政支出的经济性、效率性和有效性,严格执行规定的程序,采用定量与定性分析相结合的方法。②公正公开原则。评价应当客观、公正,标准统一、资料可靠,依法公开并接受监督。③简便实用原则。自评价的方法应便于预算单位操作,结论便于利用。④绩效相关原则。绩效评价应当针对具体支出及其产出绩效进行,评价结果应清晰地反映支出和产出绩效之间的紧密对应关系。⑤可比性原则。评价的最终结论统一以百分制表示,便于不同项目、不同部门之间进行绩效比较。

(四)自评价报告

自评价部门通过实地踏勘并对照前期申报的绩效目标,在分析、总结的基础上撰写绩效自评价报告。自评价报告是部门和单位开展自评价工作的最终结果表现形式,也是全面回答单位管理和资金绩效的重要内容,同时也是上级和财政部门检视部门和单位绩效的重要窗口和路径。自评价单位根据自身的需要,结合项目本身的特点,可以选择以报告的形式或者以表格的形式来提交自评价的结果。自评价报告应符合规定的格式和要求报送财政部门。

自评价报告要体现以下总体要求:①报告结构严谨、完整,格式规范。②报告遣词合理、造句通顺,拼写、标点规范。③数据准确、翔实,分析有理有据,论述有深度、逻辑性强、观点清楚、见解独到,结论符合绩效评价的要求。④政策建议合理、科学、切中问题,具有可操作性。

四、绩效评价

(一)绩效评价的基本思想与意义

随着我国预算管理体制改革的不断深入和公共财政框架体系的逐步建立,强化预算绩效管理,从资金分配、使用、监督到评价的全过程均需树立绩效理念,不断提高资金分配的科学性,提高财政资金使用效率,已成为财政管理工作中一项十分重要且迫切的任务。如何在现有的财政预算管理体制下做好财政支出绩效评价工作,使有限的财力实现更大的效益,是当前财政支出管理的新课题。

绩效评价,也称为绩效评估,是政府和财政部门按某种规则和绩效目标指标,对资金的使用效果进行评议和估价的制度。绩效评价是预算绩效的重要环节之一,也是政府绩效管理的基本环节之一,是政府绩效管理的核心问题。绩效评价促使政府由过程管理转向结果导向管理,通过绩效评价来确定公共支出有无效果,有多大效果,从而得出投入与效果相比是否"值得"的结论。

近年来,财政收支规模快速增长,但财政资金供求矛盾日益突出。开展财政支出绩效评价工作,不仅有利于加强财政支出管理,建立科学、规范、高效的财政资金分配和管理体系,逐步改变目前存在的"重收入、轻支出,重分配、轻管理"的财政管理现状,而且有利于提高财政支出的效益,进一步促进社会经济发展。

(二)绩效评价的基本原则与方法

为了保证绩效评价的有效实施,执行中应遵循以下原则:①客观性原则。客观性原则又称真实性原则,是绩效评价的基本原则之一。该原则要求绩效评价的基础——相关数据必须真实,评价指标能客观、真实地反映财政支出的使用情况,能较好地量度财政支出主要目标实现的程度,绩效评价做到内容真实、数据准确、资料可靠。②价值中立原则。价值中立原则包括三方面的内容:一是要求评价人尊重事实和公共价值标准,避免用主观价值替代客观事实;二是要求绩效评价结果的量化,即用数据说话,而非笼统地给定一个合格或不合格的结论;三是在评审过程中,与评价方直接相关的利益人应该回避。③经济性原则。经济性原则又称为财政效率原则,该原则要求用财政效率来重新审视政府支出,以及与此相关的行政行为。财政效率是独特的效率问题,不同于一般意义上的经济效率(以私人组织为基础的效率问题)和行政效率(以军事和行政工作的命令服从为基础的效率问题)。财政效率是指公共支出与社会效果的比较,既要考虑公共资金的投入及其成本,又要考虑产出效果。

绩效评价方法是开展评价工作的重要手段。目前,评价方法很多,主要采用以下几种方法:①比较法。这种方法是将历史上各个时期的同类支出或项目的数据,按照一定原则进行对比分析,了解历史上的变化和效益波动情况。通过历史数据排列,既可看出发展趋势,也可了解相关因素在不同时期的影响及其作用机理,进而分析效益差异的成因及改进方向,评价项目的绩效。②因素分析法。因素分析法通过列举所有影响效益及资金支出的内在和外在因素,并比较各因素对项目影响程度,以及因素之间的关系等。使用因素分析法时,列举的内外影响因素应尽可能多,以使评价结果更加客观。③公众评价法。公众评价法是指对无法直接用指标计量其效果的预算或目标,通过专家评估、公众问卷及抽样调查,对各项评价内容的完成情况进行打分,并根据分值评价绩效目标完成情况的评价方法。④成本效益分析法。成本效益分析法是针对财政支出确定的目标,在目标效益额相同的情况下,对支出项目中发生的各种正常开支、额外开支和特殊费用等进行比较,以求最小的成本取得最大的效益。这种方法广泛应用于成本和效益都能准确计量的评价,如公共工程项目等。但对于成本和效益都无法用货币计量的项目则难以使用。⑤其他评价方法。总之,绩效评价方法的选用应当坚持定量优先、简便有效的原则。根据评价对象的具体情况,可采用一种或多种方法进行绩效评价。

(三)绩效评价报告

绩效评价报告是根据绩效评价要求,依据绩效评价数据,在对政府、部门、单位、具体项目等在一定期间的财政资金使用业绩和效果,进行定量及定性分析的基础上,按照规范的文本格式和要求,对评价的主要过程和结论进行全面、综合的描述,并提出相应建议而形成的书面材料。

绩效评价报告是绩效评价工作的关键性结尾工作,是评价工作的重要成果之一,是检验评价工作成效的最主要依据,其内容是评价相关利益者所关注的焦点。绩效评价报告以文本的形式反映被评价项目的绩效状况,是相关部门进行绩效管理的重要依据。

五、绩效评价结果的应用

绩效评价结果的应用既是开展绩效评价工作的核心和归宿,又是绩效评价工作的进一步延伸和落实。绩效评价结果的合理应用可以加强财政支出管理,合理配置公共资源,提高资金使用效率,优化组织结构,激励个人和组织发展。所以,要重视绩效评价结果应用工作,积极探索和建立结果管理体系,切实保证绩效评价结果落到实处,此外,要建立开放的数据结果共享平台,在信息公开背景下,建立信息共享,各相关部门应结合自身特点,合理应用结果,这将有助于最大限度地发挥绩效评价的作用。

(一)绩效评价结果应用的现状

当前,我国财政绩效评价刚刚起步,尚未受到各方的充分重视。在绩效评价结果应用中,尚存在一定的财政体制性障碍。因此,绩效评价结果还很难直接为预算安排服务,也很难对预算部门产生直接压力。加上部分绩效评价报告的可操作性较低,甚至流于形式,绩效评价结果无法真正应用到实践中。此外,数据信息的不对称进一步制约了绩效评价结果的应用。因此,在绩效评价结果应用乏力、缺乏制度保障的现状下,要积极探索和建立科学、合理的绩效评价体系,完善绩效评价结果应用制度。

(二)推进绩效评价结果应用的主要举措

为了保证绩效评价内涵的真正实现,要不断推进绩效评价结果应用制度的改革,从而使绩效管理不断完善,更好地实现绩效目标。

因而,要推进以下几项主要举措:

第一,建立信息共享平台。由于各预算单位内部业务统计信息存在不规范或无法满足评价需要等情况,在评价过程中导致获取信息成本高,或难以获取信息的情况,影响了评价的结果。为此,需要建立信息共享平台,搭建财政和预算部门进行数据交换的渠道,从而更好地推进绩效评价和绩效管理。

第二,提高报告质量。由于当前绩效评价理论研究和实践均处于探索阶段,对绩效的理解和认识差异较大。因此,不同评价主体对绩效的把握不同,进而绩效评价报告的可操作性参差不齐,导致绩效评价结果无法应用。要通过培训和管理来提高绩效报告的质量。

第三,接受社会监督。公共部门作为社会委托的管理部门,有责任和义务对社会公开资金的使用情况和绩效评价结果,接受社会的监督。

(三)绩效评价结果应用的主要方向

绩效评价的结果涉及不同的主体和不同的应用领域,绩效评价结果的应用主体包括财政部门、预算单位和相关政府部门。不同的部门根据各自需要充分发挥绩效评价结果的作用,并将应用情况及时反馈给主管部门。根据绩效评价结果应用主体的不同,可以从预算编制、激励与整改、审计依据、人大监督等方向进行结果应用。

(四)财政绩效评价结果应用的主要部门

1. 财政部门

财政部门是编制年度财政预决算草案的主管部门,同时承担着纳税人对绩效要求的受托责任,故财政部门是绩效评价结果应用的重点部门。主要应用于以下两个方面:一是预算编制安排。绩效评价结果是预算管理的重要参考依据,故财政部门要及时调整和优化部门、单位以后年度的预算方向和结构,合理配置资源,加强财务管理,不断提高财政资金的使用效益。二是激励与整改。财政部门应根据绩效目标和绩效评价结果,对被评价项目的绩效情况、完成程度和存在的问题与建议加以综合分析,建立评价结果在部门预算安排中的激励与约束机制,逐步发挥绩效评价工作的应有作用。

2. 预算单位

预算单位是公共资金的受托者,对公共资金具有与生俱来的绩效责任。绩效评价结果在预算单位的具体应用主要包括以下两方面:第一,依据评价,改进绩效。根据绩效评价结果,预算单位应找出自身存在的问题与不足,分析判断财政资金低效的原因,明确今后的改进与提高方向,加强绩效管理。第二,聚焦管理,常态评价。预算单位结合自身条件、发展需要以及上级主管部门的要求,在参考上一年度绩效评价结果的基础上,合理制订下一年度的绩效计划和标准机制。绩效评价结果既是上一年度工作的总结,也是下一年度工作的开始。在评价过程中,要做到绩效评价工作的连续性和发展性相结合。

3. 相关业务主管部门

绩效评价结果作为预算安排、绩效审计、财政监管、预算信用等级评定、部门年度目标考核等工作的重要参考依据,其结果应用必将与审计部门、人事部门、监察部门、人大等部门相关联。

第一,审计部门。财政绩效评价和绩效审计的根本目的是一致的,但是侧重点有所差异,实施的主体不同,适用的规章不同,财政绩效评价对资金使用过程和结果的分析,对审计部门的绩效审计具有重要的参考和借鉴意义,也可以直接为审计所运用。通过评价结果的资源共享,可以扩大绩效评价结果的应用范围,也提高了激励的效果。

第二,人事部门。绩效评价结果可以为人事部门的人事管理提供明确的考核奖惩参考。人事主管部门可以根据绩效评价的结果,一方面对单位(部门)行政领导进行问责,另一方面对部门指标所揭示的问题,对个人也可以进行问责,从而促进单位(部门)将绩效评价结果的应用引入各类人事管理系统,推进人事制度改革。

第三,监察部门。绩效评价过程中,发现资金使用违规情况,部门(单位)的应用绩效评价结果及争议情况,都可以纳入监察部门的监察内容。

第四,人大。对于人大来讲,绩效评价结果可以作为其更好地履行立法权、任免权、监督权和重大事项决定权的重要参考依据和判断依据。

参考文献

[1]童伟.中国预算绩效管理路径方法与实践[M].北京:经济日报出版社,2023.

[2]张俊杰.预算绩效评价实务[M].北京:经济科学出版社,2023.

[3]孔建波,程光.财政预算绩效管理实务与案例[M].郑州:郑州大学出版社,2023.

[4]刘国永,汤泉,俞红梅.预算绩效评价实务[M].上海:上海财经大学出版社,2023.

[5]胡志勇.财政支出绩效管理案例与分析[M].北京:经济科学出版社,2023.

[6]张向东,黄鹏鹃,周普.水利科研单位预算绩效管理工作规程[M].北京:中国水利水电出版社,2023.

[7]孟宪征,王晓明,苗西坦.财政管理守正与创新探索[M].青岛:中国海洋大学出版社,2023.

[8]叶忠明,董中超,马蕾.财政预算项目绩效评价[M].北京:中国时代经济出版社,2022.

[9]郭晓萍,付爱英,山雪艳.预算绩效管理实务[M].北京:中国财政经济出版社,2022.

[10]林媛媛.财政应急资金预算绩效管理研究[M].北京:中国财政经济出版社,2022.

[11]张国魁.专项资金绩效评价研究[M].北京:经济科学出版社,2022.

[12]郝玮,郝建国,吴丽军.财政预算资金绩效管理操作实务[M].北京:中国市场出版社,2021.

[13]李英利,柯君行,章冬兰.全面预算绩效管理理论与实践研究[M].南宁:广西师范大学出版社,2021.

[14]成刚.公共财政框架下的教育预算管理制度改革研究[M].北京:中

国经济出版社,2021.

[15]孙欣,马海涛.全过程预算绩效评价结果应用[M].北京:中国财政经济出版社,2021.

[16]胡志勇.中国部门预算绩效管理改革研究[M].北京:经济科学出版社,2021.

[17]李国有.部门预算审计定性处理处罚依据[M].北京:中国时代经济出版社,2020.

[18]孙克竞.辖区公共利益维护与基层社会治理中的政府预算绩效管理研究[M].沈阳:东北财经大学出版社,2020.

[19]谢颖.新时期财政预算绩效管理的策略研究[M].哈尔滨:哈尔滨出版社,2022.

[20]栾泽沛,刘芳菲,于瑞杰.高校财务管理与会计理论应用[M].北京:中国商务出版社,2022.

[21]韩小红,施阳.财政与金融[M].北京:北京理工大学出版社,2019.

[22]周铁伦,高珂,任致伟.中期财政规划与地方财政实践[M].济南:济南出版社,2019.

[23]刘国永,李文思,王萌.全面实施预算绩效管理专业基础[M].镇江:江苏大学出版社,2019.

[24]蒋悟真.预算治理现代化的中国图景[M].北京:法律出版社,2019.

[25]刘国永,李文思,王萌.全面实施预算绩效管理实践指导[M].镇江:江苏大学出版社,2019.

[26]郑俊敏.政府预算管理与会计[M].上海:立信会计出版社,2019.

[27]晁毓欣.全面预算绩效管理下财政政策绩效评价研究与探索[M].北京:经济科学出版社,2018.

[28]肖康元.管理会计[M].上海:上海交通大学出版社,2018.

[29]胡华.中国地方预算绩效管理研究[M].太原:山西经济出版社,2018.

[30]赵永华,李其海,王青.水利企事业单位财务管理实务[M].北京:九州出版社,2018.